宁波市轨道交通技术标准

宁波市轨道交通岩土工程勘察技术细则

Regulations for geotechnical engineering investigation of
Ningbo urban rail transit

2013 甬 SS-02

主编单位：宁波市轨道交通工程建设指挥部
批准部门：宁波市住房和城乡建设委员会
　　　　　宁 波 市 城 市 管 理 局
施行日期：2013 年 9 月 1 日

浙江工商大学出版社
ZHEJIANG GONGSHANG UNIVERSITY PRESS

图书在版编目(CIP)数据

宁波市轨道交通岩土工程勘察技术细则 / 宁波市住房和城乡建设委员会，宁波市城市管理局编. —杭州：浙江工商大学出版社，2013.11

ISBN 978-7-5178-0043-9

Ⅰ. ①宁… Ⅱ. ①宁… ②宁… Ⅲ. ①城市铁路－铁路工程－岩土工程－工程地质勘察－细则－宁波市 Ⅳ. ①U212.22

中国版本图书馆 CIP 数据核字(2013)第 254368 号

宁波市轨道交通岩土工程勘察技术细则

宁波市住房和城乡建设委员会　宁波市城市管理局　编

责任编辑	王玲娜　王黎明
责任校对	傅　恒
封面设计	包建辉
责任印制	汪　俊
出版发行	浙江工商大学出版社
	（杭州市教工路 198 号　邮政编码 310012）
	（E-mail:zjgsupress@163.com）
	（网址:http://www.zjgsupress.com）
	电话:0571-88904980,88831806(传真)
排　版	杭州朝曦图文设计有限公司
印　刷	杭州杭新印务有限公司
开　本	850mm×1168mm　1/32
印　张	5.75
字　数	155 千
版印次	2013 年 11 月第 1 版　2013 年 11 月第 1 次印刷
书　号	ISBN 978-7-5178-0043-9
定　价	21.00 元

关于发布《宁波市轨道交通岩土工程勘察技术细则》的通知

各有关单位：

为做好我市轨道交通工程勘察工作，根据市住建委《关于下达2011年建设科技项目的通知》（甬建发〔2011〕187号文件）要求，由宁波市轨道交通工程指挥部主编，浙江省工程勘察院、上海市隧道工程轨道交通设计研究院、上海市市政工程勘察设计有限公司、宁波冶金勘察设计研究股份有限公司、宁波大学、宁波宁大地基处理技术有限公司参编的《宁波市轨道交通岩土工程勘察技术细则》，已通过专家评审，现予以批准发布，编号为2013甬SS-02，自2013年9月1日起执行。

该细则由宁波市住房和城乡建设委员会、宁波市城市管理局负责管理，宁波市轨道交通工程指挥部等编制单位负责具体解释。

宁波市住房和城乡建设委员会　　宁波市城市管理局

2013年8月14日

前　言

　　根据宁波市住房和城乡建设委员会甬建发〔2011〕187号文件的要求，由宁波市轨道交通工程建设指挥部主编，浙江省工程勘察院、上海市隧道工程轨道交通设计研究院、上海市市政工程勘察设计有限公司、宁波冶金勘察设计研究股份有限公司、宁波大学、宁波宁大地基处理技术有限公司参编，在广泛调查研究、认真总结宁波市工程实践经验、参照有关国家和地方标准的基础上，制定本细则。

　　为了反映和总结宁波市轨道交通岩土工程勘察及其他岩土工程勘察的技术水平、研究成果，编制组以多种形式在宁波市范围内广泛征求了勘察、设计、施工、科研和建设管理部门的意见，经反复讨论、修改，完成了《宁波市轨道交通岩土工程勘察技术细则》。本细则在国家《岩土工程勘察规范》（GB 50021）、《城市轨道交通岩土工程勘察规范》（GB 50307）和浙江省标准《工程建设岩土工程勘察规范》（DB33/T 1065）等相关规范的框架范围内，既注重与相关规范的协调、衔接，又注重结合宁波市轨道交通岩土工程勘察实践，突出了宁波软土地区的地方特色，体现了客观性、科学性。

　　本细则共分为16章、9个附录及条文说明，内容包括：1.总则；2.术语和符号；3.基本规定；4.区域地质环境；5.工程地质调查和测绘；6.可行性研究勘察；7.初步勘察；8.详细勘察；9.施工勘察及专项勘察；10.不良地质作用与特殊性岩土；11.地下水；12.勘探、取样与原位测试；13.室内试验；14.岩土工程分析评价及成果报告；15.勘察风险管理；16.现场检验与监测；附录A—I和条文说明。

　　本细则由宁波市轨道交通工程建设指挥部负责管理和解释。为了提高本细则质量，请各单位在执行过程中，结合工程实践，不断总结经验，积累资料，并将意见和建议寄至：宁波市海曙区丽园

1

北路 668 号宁波市轨道交通工程建设指挥部《宁波市轨道交通岩土工程勘察技术细则》编制组，邮编 315012，以供再次修编时参考。

主 编 单 位：宁波市轨道交通工程建设指挥部

参 编 单 位：（排名不分先后）

 浙江省工程勘察院

 上海市隧道工程轨道交通设计研究院

 上海市市政工程勘察设计有限公司

 宁波冶金勘察设计研究股份有限公司

 宁波大学

 宁波宁大地基处理技术有限公司

主要起草人：陈 斌 蒋建良 石长礼 叶俊能 丁国洪

 王旭东 朱敢为 朱智勇 刘干斌 张春进

 张俊杰 陈 忠 郑荣跃 胡立明 钱宝源

 高大铭 唐 江 熊卫兵 潘永坚

主要审查人：龚晓南 顾国荣 张苏民 高大钊 乔宗昭

 张上麟 朱 丹 周群建 金忠良 陈仲鱼

目　　录

1 总　则

1.0.1 为贯彻宁波市地方技术经济政策,服务宁波市轨道交通工程建设,确保工程质量和安全,控制风险,加强环境保护,根据宁波软土地区的工程地质特点,制定本细则。

1.0.2 本细则适用于宁波市轨道交通工程的岩土工程勘察。

1.0.3 轨道交通工程设计和施工之前必须按基本建设程序进行岩土工程勘察。

1.0.4 轨道交通工程岩土工程勘察应搜集已有的勘察设计与工程周边环境资料,按工程建设各勘察阶段的要求,精心勘察,正确反映工程地质条件,提供资料完整、数据可靠、评价正确、建议合理的勘察报告。

1.0.5 轨道交通岩土工程勘察除应符合本技术细则外,尚应符合国家、行业和地方现行标准的规定。

2 术语和符号

2.1 术 语

2.1.1 城市轨道交通 urban rail transit or urban mass transit

在不同形式轨道上运行的大、中运量城市公共交通系统,是当代城市中地铁、轻轨、单轨、自动导向、磁浮、市域快速轨道交通等的统称。

2.1.2 车辆基地 base for the vehicle

轨道交通系统的后勤基地,通常包括车辆段、综合维修中心、物资总库、培训中心等部分,以及相关的生活设施。

2.1.3 工程周边环境 engineering environment

泛指轨道交通施工影响范围内的建构筑物、地下管线、城市道路、城市桥梁,既有轨道交通,又有铁路和地表水体等环境对象。

2.1.4 围岩 surrounding rock

隧道周围一定范围内,对其稳定性产生影响的岩土。

2.1.5 明挖法 cut and cover method

由地面开挖基坑修筑轨道交通工程的方法。

2.1.6 盾构法 shielding tunneling method

用盾构机修筑工程隧道的施工方法。盾构是一种钢制壳体内配有开挖和拼装衬砌管片等装置的设备,在钢壳体的保护下进行开挖、推进、衬砌和注浆等作业。

2.1.7 矿山法 mining method

在岩土体中采用新奥法或浅埋暗挖法修筑城市轨道交通工程隧道的施工方法的统称。

2.1.8 顶管法 pipe jacking method

采用液压千斤顶或具有顶进、牵引功能的设备,以顶管工作井作为承压壁,将管节按设计高程、方位、坡度逐根顶入土层直至到达目的地的一种修建隧道和地下管道的施工方法。

2.1.9　原位测试 in-situ tests

在岩土体所处的位置,基本保持岩土原始状态条件下,对岩土体进行的测试。

2.1.10　基床系数 coefficient of subgrade reaction

地基土在外力作用下,单位面积产生单位变形时所需的压力,也称弹性抗力系数或地基反力系数,包括水平基床系数和垂直基床系数。

2.1.11　电阻率 soil resistivity

表征土壤导电性能的参数,其值等于单位立方体土壤相对两面间测得的电阻。

2.1.12　热物理指标 thermophysical index

反映岩土体导热、导温、储热等能力的指标,一般包括导热系数、导温系数和比热容等。

2.1.13　不良地质作用 adverse geologic actions

由地球内力或外力产生的对工程可能造成危害的地质作用。

2.1.14　风险 risk

事故或不利事件发生的概率(频率)及损失的组合。

2.1.15　风险识别 risk identification

调查识别工程建设中潜在的风险类型、发生地点、时间及原因,并进行系统筛选、分类的过程。

2.1.16　风险控制 risk control

为降低或减少风险而制定的风险管理策略及应急措施的过程或程序,包括降低工程风险损失应采取的处置对策或抢险技术方案等。

2.1.17　岩土参数标准值 standard value of a geotechnical parameter

岩土参数的基本代表值,通常取概率分布的 0.05 分位数。

2.1.18　岩土工程勘察报告 geotechnical investigation report

在原始资料的基础上进行整理、统计、归纳、分析、评价,提出结论和建议,形成系统的为工程建设服务的勘察技术文件。

2.2 符 号

2.2.1 岩土物理性质和颗粒组成

e——孔隙比　　　　　　　　w_L——液限

I_L——液性指数　　　　　　w_P——塑限

I_P——塑性指数　　　　　　W_u——有机质含量

n——孔隙度,孔隙率　　　　γ——重力密度(重度)

S_r——饱和度　　　　　　　ρ——质量密度(密度)

w——含水量(率)　　　　　ρ_d——干密度

2.2.2 岩土变形参数

a——压缩系数　　　　　　E_c——回弹模量

C_c——压缩指数　　　　　　E_D——侧胀模量

C_e——再压缩指数　　　　　E_m——旁压模量

C_s——回弹指数　　　　　　E_S——压缩模量

c_h——水平向固结系数　　　K——基床系数

c_v——垂直向固结系数　　　G——剪切模量

E_0——变形模量　　　　　　p_c——先期固结压力

2.2.3 岩土强度参数

c——黏聚力　　　　　　　　p_0——载荷试验比例界限压力

φ——内摩擦角　　　　　　q_u——无侧限抗压强度

f_a——地基承载力特征值　　q_{sa}——桩周土摩擦力特征值

f_r——岩石饱和单轴抗压强度　p_u——载荷试验极限压力

q_{pa}——桩端土承载力特征值　τ——抗剪强度

2.2.4 触探及标准贯入试验指标

R_f——双桥静力触探摩阻比

q_c——双桥静力触探锥头阻力

f_s——双桥静力触探侧阻力

N_{10}——轻型圆锥动力触探锤击数

$N_{63.5}$——重型圆锥动力触探锤击数

N_{120}——超重型圆锥动力触探锤击数

N——标准贯入试验锤击数

2.2.5 水文地质参数

Q——流量,涌水量　　　　　S——释水系数

R——影响半径　　　　　　　T——导水系数

k——渗透系数　　　　　　　u——孔隙水压力

B——越流系数　　　　　　　q——单位涌水量

s——降深　　　　　　　　　t——抽水时间

H——潜水含水层厚度　　　　M——承压水含水层厚度

2.2.6 热物性参数

α——导温系数　　　　　　　K——导热系数

C——比热容　　　　　　　　T——温度

2.2.7 其他符号

I_D——侧胀土性指数　　　　　OCR——超固结比

K_D——侧胀水平应力指数　　　v_p——压缩波波速

p_e——膨胀力　　　　　　　　v_s——剪切波波速

U_D——侧胀孔压指数　　　　　δ——变异系数

μ——泊松比　　　　　　　　σ——标准差

3 基本规定

3.0.1 轨道交通岩土工程勘察应根据工程不同设计阶段的任务、目的和要求，针对拟建工程的结构类型、特点、规模和场地地质条件，制定勘察纲要。

3.0.2 轨道交通岩土工程勘察可分为可行性研究勘察、初步勘察、详细勘察3个阶段。遇异常情况或为解决设计、施工中特殊岩土工程问题及专题服务可进行施工勘察或专项勘察。

3.0.3 宁波市轨道交通建设场地复杂程度可定为中等复杂，遇特殊情况应专门研究论证后确定。

3.0.4 轨道交通主体工程的勘察等级为甲级，附属及配套工程单独进行勘察时勘察等级划分可按相应规定执行。

3.0.5 轨道交通主体工程、附属及配套工程应按《建筑工程抗震设防分类标准》(GB 50223)进行结构抗震设防分类。地震作用评价与抗震设防应按相应规定执行。

3.0.6 岩土的分类、隧道围岩分级及岩土施工工程分级见附录A。

4 区域地质环境

4.1 地形地貌

4.1.1 宁波市地形地貌条件较复杂,主要地貌类型有侵蚀剥蚀低山丘陵、山前坡洪积斜地、湖沼积平原、冲湖积平原、冲海积平原、海积平原和海岸带等。

4.1.2 宁波市陆域地貌分区及地貌类型详见附录 B。工程勘察和岩土工程评价时,应对建设场地的地貌单元作相应的描述,并评价其对工程的影响。

4.1.3 海岸带由海岸、潮间带和水下岸坡 3 个基本地貌单元组成。涉及海岸带的工程勘察,应对海岸带工程场地的地貌单元进行定名、描述和评价。

4.2 区域地质

4.2.1 宁波市区域构造单元属华南加里东褶皱系浙东南褶皱带、丽水—宁波隆起带和温州—临海凹陷。地质构造形迹以断裂为主,形成不同规模、不同性质、不同展布方向和不同切割深度的断裂相互交织状的构造格局,控制了区内的地质作用和地震活动。

4.2.2 宁波市属于弱活动构造区,设计地震分组为第一组,地震动参数及分区确定应符合《建筑抗震设计规范》(GB 50011)和《中国地震动参数区划图》(GB 18306)的规定。

4.2.3 宁波市地层属于中国地层分区的东南地层区沿海地层分区,区内发育的前第四纪地层以侏罗系上统(J_3)火山碎屑岩(局部夹沉积岩)、白垩系下统(K_1)红色碎屑沉积岩(局部夹火山岩)为主,局部见古近系(E)杂色砂、泥岩以及新近系(N)玄武岩夹砂、卵(砾)石、黏性土和硅藻土等。

4.2.4 宁波平原区第四纪地层厚度为 50 m～100 m,慈北平原超过 130 m,岩性和成因类型复杂:

    1 中更新统以冲湖积、冲积和坡洪积为主,岩性主要为黏性土、砂、卵(砾)石和含黏性土碎(砾)石;

    2 上更新统有冲积、冲湖积、冲海积和海积,岩性主要为黏性土、砂及圆砾;

    3 全新统以海积淤泥质土、黏性土为主,局部为冲海积粉土、粉砂以及湖沼积泥炭土。

4.2.5 山麓沟谷区第四纪地层厚度较小,主要有上更新统坡洪积含碎(砾)石黏性土、含黏性土碎(砾)石和全新统冲积砂、卵(砾)石等。

4.3 工程地质分层

4.3.1 宁波平原区工程地质层的定名,应根据野外编录、原位测试、室内岩土试验成果及本细则的附录 B 确定。

4.3.2 宁波平原区工程地质层的划分及其层序编号,根据岩土层的物理力学性质按附录 B 确定,并符合下列规定:

    1 将区内土层划分为 10 个工程地质层组。对每个层组按岩性及其物理力学性质指标进一步分层,其顺序号以右下角码表示,序号的多少可按地区或工程场地确定,以层作为地基土层的基本单元。

    2 第四系下伏基岩,应按岩性及风化程度划分工程地质层。

4.3.3 宁波平原区以外区域的工程地质层组划分可参照本细则执行。

5 工程地质调查和测绘

5.1 一般规定

5.1.1 工程地质调查和测绘应在充分搜集资料的基础上,以现场工程地质调查为主,必要时可进行适量的勘探、物探和测试工作。

5.1.2 工程地质调查和测绘宜在可行性研究勘察或初步勘察阶段进行,在详细勘察阶段可对某些专门地质问题作补充调查。

5.1.3 在采用遥感技术的地段,应对室内解译结果进行现场核实。

5.2 工程地质调查、测绘的范围和内容

5.2.1 在工程地质调查和测绘前,应搜集勘察范围内及附近的水文、气象、区域地质、地震、地质灾害和其他相关资料,并研究其可利用程度。

5.2.2 工程地质调查和测绘的范围应包括工程建设场地及邻近的一定区域,并符合下列要求:

　　1 区间直线段为沿轴线及向两侧不少于100 m;

　　2 车站和弯道段为沿轴线及向两侧不少于200 m;

　　3 当需追溯地质构造、地质界线及遇到对工程建设有影响的不良地质、特殊岩土和既有建筑工程等地段时,应扩大范围。

5.2.3 工程地质调查和测绘应包括下列内容:

　　1 地形地貌特征,划分地貌单元;

　　2 地层层序、岩性成因、时代、厚度及风化特征;

　　3 区域构造、褶皱、断裂和裂隙发育特征;

　　4 地下水的类型及补给、径流、排泄条件,含水层的岩性特征、埋藏深度、水位变化、污染情况及其与地表水体的关系;

5 不良地质作用的形成、规模、分布、发展趋势及对工程的影响范围和程度；

6 特殊岩土的类型、分布和性质；

7 被穿越河流河床演变史、最高洪水位、流量和淹没范围等；

8 人类工程活动及其对工程的影响。

5.3 工程地质调查、测绘的精度和地质观测点的布置

5.3.1 应根据勘察阶段和场地工程地质条件选择工程地质调查和测绘的精度。平面比例尺，可行性研究可选用 1：2000～1：5000，初步勘察可选用 1：1000～1：2000，详细勘察选用 1：500～1：1000，当地质条件复杂时，比例尺可适当放大。

5.3.2 地质观测点布设应符合下列要求：

1 观测点应布置在地质构造线、地层接触线、岩性分界线、不同地貌单元及微地貌单元的界线、地下水出露点、特殊岩土及不良地质体的界线等地；

2 观测点应充分利用天然露头，当露头少时可根据需要布置一定量的槽探和坑探；

3 观测点的间距应保证地质界线在图上的精度，可根据地质条件复杂程度，采用相应比例尺图上的 2 cm～5 cm。

5.3.3 地质单元体在图上宽度大于或等于 2 mm 时，均应在图上标示。对工程评价有重要意义的地质单元，在图上的宽度不足 2 mm 时，应采用扩大比例尺的方法标示，并加以注明。

5.3.4 地质观测点的定位应根据精度要求选用适当方法；地质构造线、地层接触线、岩性分界线、软弱夹层、地下水露头和不良地质作用等特殊地质观测点，宜采用仪器定位；地质边界线和地质观测点的测绘精度，在图上不应低于 3 mm。

5.3.5 工程地质调查和测绘的成果资料包括实际材料图、综合工程地质图、专门工程地质图、综合地层柱状图、工程地质剖面图以及各种素描图、照片和文字说明等。

6 可行性研究勘察

6.1 一般规定

6.1.1 可行性研究勘察以搜集、分析既有资料及工程地质调查和测绘为主。当不能满足本阶段勘察要求时,可进行必要的勘探、物探和测试工作。

6.1.2 可行性研究勘察应搜集以下资料:

1 沿线区域地质、工程地质、水文地质、气象、地形地貌、水文及防洪标准、地震、沿线岩土工程和建筑经验等;

2 邻近相关的既有和规划隧道、桥梁等;

3 沿线保护文物、风景名胜区、水源地等;

4 沿线区域主要障碍物及管线分布状况,重点搜集线路拟定走向可能遇及的桥涵工程基础、地下工程及其他建构筑物桩基工程等资料,并对可能影响工程实施的其他环境条件进行调查。

6.1.3 必要时对沿线的特殊地质条件提出专题研究要求。

6.2 勘察技术要求

6.2.1 可行性研究勘察应对拟选线路场地的稳定性和适宜性作出评价,并为选线及建设方案的比选提供依据。

6.2.2 在充分搜集和分析已有资料的基础上,通过现场踏勘、调查了解沿线的地层、岩性、构造及不良地质和地下水等工程地质条件。划分工程地质单元,进行工程地质分区,评价场地稳定性和适宜性。

6.2.3 根据场地工程地质条件并结合拟建建构筑物的特征,提供可行性研究所需的地基土物理力学指标及其他的技术参数,对影响方案比选的因素进行分析评价,提出适宜的技术措施及合理的建议,为可行性研究提供依据。

6.3 勘察工作量布置

6.3.1 勘探孔平面布置应符合下列要求：

1 勘探孔间距不宜大于 1 km，每个站点不少于 1 个勘探点；

2 每个地质单元或地貌单元均应有 1 个勘探孔控制，不良地质分布区段应有勘察资料；

3 当存在比选方案时，各比选线路均应布置相应勘察工作量；

4 利用已有的勘察孔，其距离拟建方案线路轴线不宜大于 50 m。

6.3.2 勘探孔深度不宜小于 70 m。结合地震评价的勘探孔深度应大于 80 m，在此深度范围内遇基岩时，孔深进入中等风化或微风化基岩不小于 10 m。

6.3.3 可行性研究勘察的取样、原位测试及室内试验应结合地质或地貌单元，根据线路方案、沿线工程地质和水文地质条件进行布置。

7 初步勘察

7.1 一般规定

7.1.1 初步勘察应在可行性研究勘察的基础上,针对不同的线路设计方案、结构形式、施工方法,初步查明沿线的工程地质和水文地质条件,同时应识别设计施工中与地质条件相关的风险因素,并进行评价。

7.1.2 应根据沿线地质条件和设计方案选择合适的勘察手段,并辅以适当的工程物探方法。

7.1.3 初步勘察应搜集沿线地形图、地下障碍物、管线及暗浜等相关资料。

7.1.4 初步勘察的取样、原位测试及室内试验应结合建构筑物结构形式、设计要求、施工方法、地质单元及场地工程地质和水文地质条件进行布置。

7.1.5 初步勘察除应遵守 7.2 节勘察技术要求外,尚应满足各工点的勘察技术要求。

7.2 勘察技术要求

7.2.1 初步查明建设场地的工程地质、水文地质条件,为初步设计提供依据,并满足以下要求:

   1 初步查明勘察范围内的地形地貌、地质构造及地层分布、地质年代等岩土层特征;

   2 调查工程沿线的环境条件,并对可能影响工程建设的环境因素进行分析评价;

   3 查明勘察范围内不良地质作用的特征和分布,预测地质灾害的发生、发展趋势以及对线路的影响和危害程度;

4 初步查明软土的分布范围、厚度、固结状态、震陷特征及砂土、粉土层的分布、厚度、透水性、液化特征;

5 在勘察深度范围内遇基岩时,应初步查明基岩岩性、力学强度、风化程度、完整性;

6 初步查明勘察范围内地下水的类型、埋藏分布、水位变化幅度、补给排泄径流条件,初步评价水和土对建筑材料的腐蚀性;

7 查明工程沿线地表水体的分布、水质、水位及淤积物特征,并评价对拟建工程的影响,必要时查明地表水与地下水之间的水力联系;

8 初步查明地基稳定性、评价工程适宜性;

9 提供拟建场区的场地类别、场地土类型、抗震设防烈度、设计地震加速度、设计地震分组等,并对场地和地基的地震效应作出初步评价。

7.2.2 根据场地工程地质条件并结合拟建建构筑物的特征,提供设计所需的地基土物理力学指标及其他的技术参数,进行地基基础方案初步分析。对不良地质和特殊性岩土的防治提出初步建议。

7.2.3 初步勘察除提供地基土常规指标外,尚须结合工点性质提供特殊参数,见表7.2.3。

表 7.2.3 初步勘察需提供的特殊参数

工点	盾构法区间、顶管法区间及出入口通道	矿山法区间	地下车站、明挖法区间	地面线路、车辆设施及综合基地	高架线路
特殊参数	渗透系数、无侧限抗压强度、三轴 UU、CU 指标	渗透系数、无侧限抗压强度、岩石单轴抗压强度、软化系数	渗透系数、静止侧压力系数、无侧限抗压强度、三轴 CU 指标、桩基设计参数	渗透系数、无侧限抗压强度、桩基设计参数	桩基设计参数

7.3 地下区间、车站工程

7.3.1 地下区间(含过渡段)、车站工程初步勘察应满足下列技术要求:

1 调查沿线重要建构筑物的地基、基础及使用情况,分析评价拟建工程可能对其造成的不利影响;

2 调查沿线主要地下障碍物的分布,分析评价其对拟建工程可能造成的不利影响和潜在风险;

3 初步查明围岩风化程度、破碎带分布及性质等,并确定沿线岩土施工工程分级、隧道围岩分级;

4 选择对工程有影响的含水层进行水文地质试验,必要时设置地下水位(分层)长期观测孔;

5 初步查明勘察范围内浅层气分布特征,评价对拟建工程的影响;

6 提供设计要求深度范围内的地温资料。

7.3.2 勘察工作量布置应满足下列要求:

1 盾构法区间:

1) 勘探孔应在隧道边线外侧 3 m～5 m(水域 6 m～10 m)范围内交叉布置;

2) 勘探孔间距宜为 100 m～200 m,并可根据场地地基土复杂程度及设计需要确定;

3) 勘探孔深度在隧道底以下应大于 3 倍隧道直径。

2 明挖法区间及过渡段勘察要求按基坑工程进行,勘探孔间距宜为 100 m～200 m,勘探孔深度应大于 3 倍开挖深度,并满足桩基设计要求。

3 矿山法区间:

1) 隧道全断面位于土层及全强风化岩层时,勘探点平面布置及深度可参照 7.3.2 条第 1 款执行。

2) 隧道断面位于岩层时,应结合工程地质测绘并采用物探、钻探等综合手段进行勘察。洞口应布置勘探孔,洞身应根据物探解译的断层位置布置勘探验证孔，浅埋段和不良地质作用发育地段应有勘探孔。勘探孔深度进入结构底板下中等或微风化岩层不小于 5 m。

4 顶管法区间工作量布置参照 7.3.2 条第 1 款执行。

5 地下车站与其他地下设施：

1) 地下车站的勘探点宜布置在基坑边线外 2 m～3 m，勘探孔间距不宜大于 100 m，且每站不宜少于 4 个勘探点；

2) 地下主变电站及单独布置的风井应布置适当勘察工作量，且不宜少于 1 个勘探点；

3) 勘探孔深度应大于 2.5 倍开挖深度，并满足桩基设计要求。

7.4 高架区间、车站工程

7.4.1 高架区间、车站工程初步勘察应满足下列技术要求：

1 初步查明沿线桩基持力层的分布，提供各岩土层的桩基设计参数，推荐适宜的桩基持力层；

2 根据设计要求、沿线地层条件及施工环境，进行桩型对比分析，并提出初步建议；

3 了解沿线施工环境，分析沉（成）桩的可能性，初步评价桩基施工与环境的相互影响。

7.4.2 勘察工作量布置应满足下列要求：

1 高架区间勘探孔应沿区间轴线布置于拟设墩台位置，间距宜为 100 m～150 m。

2 高架车站与附属设施：

1) 高架车站勘探孔间距不宜大于 100 m，且每站不宜少于 3 个勘探点；

2) 过街天桥应布置适当勘察工作量，且不宜少于 1 个勘探点。

3 勘探孔深度应满足桩基变形计算要求，达到桩基压缩层计算深度下 1 m～2 m，并穿越软弱下卧层，预定深度内见基岩时，则钻入中等或微风化基岩 3 m～5 m。

7.5 地面线路、车辆设施及综合基地工程

7.5.1 地面线路、车辆设施及综合基地工程初步勘察应满足下列技术要求：

1 初步划分岩土施工工程等级,评价路基的稳定性；

2 初步查明暗浜分布范围及回填情况,评价其对路基稳定性的影响；

3 调查线路平交的河流、浜塘的断面及淤泥厚度,并评价其影响；

4 地面配套设施可根据建构筑物性质,按相关标准进行勘察。

7.5.2 勘察工作量布置应满足下列要求：

1 地面区间：

1）勘探孔宜沿地面线路中心线布置,间距100 m～150 m；

2）勘探孔深度应大于30 m,并穿透浅部软土层；

3）采用桩基础时,孔深应满足桩基设计要求。

2 地面车站与附属设施：

1）勘探孔可沿建筑物周边线布置,间距不宜大于100 m,且每站不宜少于3个勘探点；

2）勘探孔深度宜为30 m～50 m,并应穿透软土层；

3）采用桩基础时,孔深应满足桩基设计要求。

3 车辆设施及综合基地工程：

1）勘探孔可结合建构筑物特点采用网格状布置,孔间距宜为100 m～150 m,且主要设施均应有勘探点控制。

2）勘探孔深度根据建构筑物性质确定。采用桩基础时,孔深应满足桩基设计要求。

8 详细勘察

8.1 一般规定

8.1.1 详细勘察应在初步勘察的基础上,针对建构筑物结构类型和施工方法,选择勘察手段及布置工作量。

8.1.2 详细勘察方法应以勘探与取样、原位测试、室内试验为主,辅以工程地质调查和测绘、物探等手段。

8.1.3 详细勘察不得采用鉴别孔,其原位测试孔的数量不宜少于勘探孔总数的 1/3。取样、原位测试及室内试验应结合建构筑物结构类型、施工方法以及场地工程地质和水文地质条件进行布置。

8.1.4 详细勘察除应遵守 8.2 节勘察技术要求外,尚应满足各工点勘察技术要求。

8.2 勘察技术要求

8.2.1 详细勘察应详细查明建设场地的工程地质、水文地质条件,提供地基土物理力学指标和岩土设计参数,结合拟建建构筑物的特征及施工工法作出分析和评价,并提出适宜的技术措施及建议,为施工图设计提供依据。

8.2.2 详细勘察应满足下列技术要求:

　　1 查明工程沿线地形、地貌、地层分布、成因类型及其物理力学性质;

　　2 查明拟建工程沿线不良地质,分析评价其危害程度和对工程的影响,并提出防治措施的建议;

　　3 基岩区应查明基岩岩性、力学强度、产状、风化程度、完整性,构造破碎带特征等;

　　4 提供拟建场区的场地类别、场地土类型、抗震设防烈度,设

计地震加速度,设计地震分组等,并对场地和地基的地震效应作出评价;

　　5 查明沿线水文和水文地质条件,提供水文地质参数,评价水和土对建筑材料的腐蚀性;

　　6 分析评价工程建设环境与拟建工程的相互影响,提出保护措施建议。

8.2.3 详细勘察除提供常规指标外尚须提供特殊地基土参数,见表 8.2.3。

表 8.2.3　详细勘察需提供的特殊参数

工点	盾构法区间、顶管法区间及出入口通道	矿山法区间	车站、明挖法区间	地面线路及附属设施	高架线路
特殊参数	渗透系数、静止侧压力系数、无侧限抗压强度、灵敏度、三轴UU、CU指标、次固结系数、基床系数、不均匀系数及d_{70}、土层热物理指标、土层波速	渗透系数、无限抗压强度、岩石单轴抗压(拉)强度、软化系数、弹性模量、泊松比、基床系数、吸水膨胀率、岩体波速	渗透系数、静止侧压力系数、三轴CU指标、基床系数、无侧限抗压强度、灵敏度、十字板抗剪强度、回弹模量、回弹指数、桩基设计参数、车站土层电阻率及热物理指标、土层波速	基床系数、无侧限抗压强度、十字板抗剪强度、固结系数、车站及主变电站土层电阻率、土层波速、桩基设计参数	三轴UU指标、桩基设计参数、车站土层电阻率、土层波速

8.3　地下区间、车站工程

8.3.1 地下区间(含过渡段)、车站工程详细勘察应满足下列技术要求:

　　1 盾构区间应重点查明影响盾构施工的不良地质、特殊性岩土,分析评价其对工程设计、施工可能产生的不利影响和潜在风

险,并提出防治措施的建议;

2 区间联络通道应重点查明通道部位土层及承压水分布,对联络通道土体加固措施提出建议;

3 隧道通风设计及采用冻结法施工时应测定相关土层的热物理指标,采用冻结法施工必要时宜进行专项勘察,提供各工况下冻土的有关参数;

4 地下车站、过渡段及明挖区间应重点查明基坑开挖及围护结构影响范围内的地层分布及不良地质,对支护设计方案和抗浮措施提出建议;

5 详细查明围岩风化程度、基岩破碎程度及破碎带分布等,确定沿线岩土施工工程分级、隧道围岩分级;

6 有浅层气分布时,应查明浅层气的分布、成分、压力。

8.3.2 勘察工作量布置应满足下列要求:

1 盾构法区间:

1) 勘探孔应在隧道边线外侧 3 m～5 m(水域 6 m～10 m)范围内交叉布置;当上行、下行隧道内净距离大于等于 15 m 时,宜按单线分别布置勘探孔。

2) 勘探孔间距宜为 50 m,当地层变化较大且影响设计和施工时,应适当加密;水域段勘探孔孔距(投影距)不宜大于 40 m。

3) 联络通道位置应布置横向剖面且不少于 2 个孔,孔距不宜大于 45 m。

4) 一般性勘探孔深度不宜小于隧道底以下 2 倍隧道直径;控制性勘探孔深度应大于隧道底以下 3 倍隧道直径,且数量不少于勘探孔总数的 1/3。

5) 联络通道位置孔深不宜小于隧道底以下 3 倍隧道直径,并可根据具体施工工艺需要确定。

6) 在隧道开挖断面深度范围内取土样,和原位测试点间距不宜大于 2 m。每个区间选择不少于 2 个孔;在隧道开挖断面及上下 1 倍的隧道直径范围内取土样,间距不宜大于 1 m。

2 明挖法区间及过渡段勘探孔间距不宜大于 35 m;宽度小

于 15 m 的线型基坑,勘探点可采取投影法沿基坑边线两侧交错布置;勘探孔深度应大于 2.5 倍开挖深度,并满足桩基设计要求。

3 矿山法区间:

1) 隧道全断面位于土层及全强风化层时,勘探点平面布置及深度可参照 8.3.2 条第 1 款执行。

2) 隧道断面位于岩层时,应采用物探、钻探,并结合工程地质测绘等综合手段进行勘察。洞口、拟设置竖井位置应设独立勘探剖面;洞身应根据初勘推断的断层布置勘探剖面,以查明断层产状;浅埋段、不良地质作用发育地段必要时应适当加密勘探孔,勘探孔深度进入结构底板下中等风化以上岩层大于 5 m。

4 顶管法区间工作量布置参照 8.3.2 条第 1 款执行。

5 地下车站与其他地下设施:

1) 车站、地下主变电站勘探孔间距宜为 20 m～35 m,车站端头部位应设置横剖面且孔数不少于 2 个;

2) 单独布置的盾构工作井、风井应布置适当勘察工作量,且不少于 3 个勘探点;

3) 车站与单独布置的盾构工作井、风井勘探孔深度应大于 2.5 倍开挖深度,并应同时满足不同基础类型及施工工艺对孔深的要求;

4) 车站端头部位、工作井盾构进出洞端宜选取 1 个钻探孔,在隧道开挖面的上下 2 m 深度范围内连续取土样,取样间距不宜大于 1 m;

5) 采用综合方法查明车站、盾构工作井、风井部位的暗浜、塘的分布;

6) 车站、主变电站应进行土层电阻率测试,测试深度应不小于结构底板下 5 m,接地有特殊要求时,可根据设计要求进行。

8.4 高架区间、车站工程

8.4.1 高架区间、车站工程详细勘察应满足下列技术要求:

1 查明沿线地基土层的分布,提供各岩土层的桩基设计参

数,推荐适宜的桩基持力层;

2 提出桩基的类型、规格、入土深度的建议,估算单桩承载力,分析沉(成)桩可能性,提出桩基施工注意事项,遇到欠固结软土或大面积填土分布时,应分析、评价负摩阻力的影响;

3 分析、评价桩基施工对周围环境的影响,提出预防措施和监测方案;

4 提供桩基沉降计算参数,条件具备时可进行桩基沉降估算。

8.4.2 勘察工作量布置应满足下列要求:

1 高架区间:

1) 高架区间勘探孔应布置于拟设墩台位置,且宜逐跨布置勘探孔,当上行、下行线墩台轴线距离大于 15 m 时应每墩布置勘探孔;

2) 当场地地基条件复杂或超过标准跨径时,宜增加勘探孔数量。

2 高架车站与附属设施:

1) 高架车站勘探孔可按柱网或参照结构边线布置,间距宜为 20 m～35 m;

2) 过街天桥应布置勘探剖面,且不宜少于 2 个勘探点;

3) 车站应进行土层电阻率测试,测试深度应不小于地面下5 m,接地有特殊要求时,可根据设计要求进行。

3 一般性勘探孔深度应大于预计桩端最大入土深度以下$3d$～$5d$(d 为桩径),且不得小于 3 m,对大直径桩不应小于 5 m,控制性勘探孔深度应满足变形计算要求,达到桩基压缩层计算厚度下 1 m～2 m。

4 控制性勘探孔数不少于勘探孔总数的 1/3。

8.5 地面线路、车辆设施及综合基地工程

8.5.1 地面线路、车辆设施及综合基地工程详细勘察应满足下列技术要求:

1 划分岩土工程施工等级，评价路基的稳定性；

2 调查地下水的活动对基底稳定性的影响；

3 提供高路堤沉降估算参数；

4 查明明浜和暗浜分布范围及回填情况，评价其对路基稳定性的影响。

8.5.2 地面配套设施可根据建构筑物性质，按相关标准进行勘察。

8.5.3 勘察工作量布置应满足下列要求：

1 地面区间：

1） 勘探孔可沿地面线路中心线布置，间距不宜大于 45 m；

2） 勘探孔深度宜为 20 m～30 m，穿透浅部软土层，并应满足路基变形验算要求；

3） 采用桩基础时，勘探孔间距及孔深应满足桩基设计要求。

2 地面车站与附属设施：

1） 勘探孔应根据基础特点结合车站轮廓线布置，采用天然地基时，孔间距不宜大于 45 m；采用桩基础时，孔间距不宜大于 35 m。

2） 勘探孔深度根据建构筑物基础特点确定，控制性孔深度应满足变形计算要求，且数量不少于勘探孔总数的 1/3。

3） 车站应进行土层电阻率测试，测试深度应不小于地面下 5 m，接地有特殊要求时，可根据设计要求进行。

3 车辆设施及综合基地工程：

1） 勘探孔可结合建构筑物特点采用网格状布置，拟采用天然地基的部位勘探孔间距不宜大于 45 m；拟采用桩基础的部位勘探孔间距不宜大于 35 m。

2） 勘探孔深度根据建构筑物基础特点确定，控制性孔深度应满足变形计算要求，且数量不少于勘探孔总数的 1/3。

9 施工勘察及专项勘察

9.1 施工勘察

9.1.1 施工单位应根据下列情况组织施工勘察：

    1 查明工程施工中遇到新的岩土工程问题；

    2 验证工程施工中发现与详细勘察报告不一致的勘察内容；

    3 施工方法、施工工艺的特殊要求需要补充相关岩土工程参数；

    4 工程施工险情或事故处理需要的勘察资料。

9.1.2 施工勘察应满足下列技术要求：

    1 施工勘察应根据施工需要、地质条件和遇到的岩土工程问题，有针对性地选择勘察方法和手段，优先采用原位测试手段，尽可能降低对现场环境的影响；

    2 对于工程施工险情或事故处理需要进行的施工勘察，应采取多手段验证，并进行不同状态及边界条件下的分析评价；

    3 根据施工勘察目的、现场条件进行相应的分析评价工作，并提出治理或处理措施。

9.2 专项勘察

9.2.1 针对轨道交通工程的专项勘察包括：

    1 工程建设环境专项调查；

    2 地下障碍物及管线调查；

    3 不良地质及特殊性岩土专项勘察；

    4 水文地质专项勘察；

    5 冻结法施工专项勘察。

9.2.2 专项勘察可根据工程需要安排在合适的勘察阶段进行。

工程建设环境专项调查、地下障碍物及管线调查、沿线不良地质及特殊性岩土专项勘察可安排在可行性研究勘察阶段进行，水文地质专项勘察、冻结法施工专项勘察可在详细勘察阶段实施。

9.2.3 工程建设环境专项调查包括以下内容：

1 调查的范围包括可能影响拟建线路走向、平面与空间布置的环境因素及轨道交通建设可能影响的区域；

2 调查建构筑物性质、年代、基础形式、基坑支护形式、隶属关系等；

3 调查水体及水工结构、文物资料、架空线缆性质及分布等；

4 调查工程沿线对震动、噪声、空气环境有特殊要求的设施分布；

5 建设环境调查的对象、资料要求深度可根据设计要求、施工工法及风险等级等因素综合确定。

9.2.4 地下障碍物及管线调查包括以下内容：

1 查明工程沿线可能影响拟建线路走向、平面与空间布置及施工工法选择的地下结构体、不明残留物等；

2 查明工程沿线可能影响拟建线路走向、平面与空间布置及拟建工程影响范围内的管线的分布、性质和保护要求；

3 管线调查的范围、埋深、精度、资料要求深度可根据设计要求及对工程的影响程度综合确定。

9.2.5 遇下列情况时，可进行不良地质及特殊性岩土专项勘察：

1 当工程沿线存在可能影响拟建线路走向、平面与空间布置及施工工法选择的不良地质及特殊性岩土需要特别查明时；

2 对应的勘察阶段对不良地质及特殊性岩土的勘察精度不能满足设计要求，需要进一步加强时；

3 常规勘察手段难以查明工程沿线的不良地质及特殊性岩土分布及其特性时。

9.2.6 遇下列情况时，可进行水文地质专项勘察：

1 工程全线或分区段统一进行相关水文地质参数调查时；

2 当水文地质条件复杂且对工程及地下水控制有重要影

响时；

　　3　需要查明各含水层补给关系及需测定地下水流向和流速等特殊要求时；

　　4　常规水文地质勘察难以满足工程要求时。

9.2.7　遇下列情况时,应进行冻结法专项勘察:

　　1　工程全线或分区段统一进行相关土层热物理参数调查时；

　　2　需要提供冻结土层不同温度下的物理力学参数及提供冻融后土层的相关参数时。

10 不良地质作用与特殊性岩土

10.1 一般规定

10.1.1 宁波市常见不良地质作用包括滑坡、崩塌、区域地面沉降、浅层气；特殊性岩土包括厚层填土、污染土、泥炭土。

10.1.2 当拟建场地或其附近存在对工程有影响的滑坡、崩塌时，应查明形成条件、类型、范围和规模；分析评价其稳定性及对工程建设的影响，并提出防治措施的建议。

10.1.3 对已发生地面沉降的区域，主要收集现有资料，分析其对轨道交通建设运营的影响；对可能发生地面沉降的地区，主要调查影响地面沉降的地质环境条件和地下水开采现状、历史和规划等，分析预测地面沉降的可能性和危险性。

10.1.4 对地下工程通过工业垃圾和生活垃圾地段、富含有机质的软土地区以及曾发现过浅层气的地段，应查明其分布范围和规模，并分析评价对工程建设的影响，并提出防治措施的建议。

10.1.5 对场地内存在的厚层填土、污染土、泥炭土等特殊性岩土，应查明分布范围、工程特性，分析评价对工程建设的影响，提供设计、施工所需的相关参数。

10.2 滑 坡

10.2.1 滑坡勘察应在搜集气象、水文、地质、人类活动等资料的基础上，采用工程地质调查和测绘、物探、槽探、井探和钻探等多种手段相结合的方法。

10.2.2 滑坡区的工程地质调查和测绘的范围应包括滑坡体及其邻近地段，比例尺宜采用 1：500～1：2000，用于治理设计时比例尺不小于 1：500。

10.2.3 工程地质调查和测绘除符合本细则第 5 章外,尚需补充调查下列内容:

    1 滑坡所处的地貌部位、斜坡形态、坡度、高程;

    2 岩土接触界线、软硬岩的组合与分布、软弱夹层、风化层及松散层的分布及其特征;

    3 地表水、地下水、泉和湿地的分布情况;

    4 结构面产状、形态、规模及与临空面和结构面间相互组合和切割关系;

    5 滑坡要素与边界特征,包括滑坡周界、滑坡后缘与两侧裂缝、前缘临空面、滑带(面)、滑坡体微地貌和鼓丘等要素;

    6 坡体建构筑物、树木、水渠、道路、坟墓等变形和异常特征;

    7 当地治理滑坡的经验。

10.2.4 勘探线和勘探点的布置应根据地质条件及滑坡形态确定,并符合下列规定:

    1 控制性勘探线应沿主滑方向布置,长度应超过滑坡影响范围,勘探点数量不少于 3 个;

    2 在滑坡的主滑方向两侧或滑坡体外应根据滑坡的规模和特征布置辅助勘探线;

    3 勘探点间距不宜大于 40 m,勘探孔的深度应穿透滑面进入稳定地层一定深度,并满足治理设计的需要。

10.2.5 滑坡勘察尚应符合下列规定:

    1 应在滑坡体、滑坡面和稳定地层中采取土试样,查明岩土类型及分布,确定滑坡面的位置及特征;

    2 应分层测定地下水位,必要时测定地下水流量和流向;

    3 钻孔施工应采用干钻法或双重岩芯管,并应全断面采取芯样,回次进尺不宜超过 1 m,接近预计滑动带时,回次进尺不得大于 0.5 m。

10.2.6 土的抗剪强度试验宜符合下列要求:

    1 采用与滑动受力条件相似的方法;

2 采用室内和野外滑面重合剪,滑带宜作重塑土或原状土多次剪试验,并求出多次剪和残余剪的抗剪强度。

10.2.7 滑坡的稳定性计算应符合下列规定:

1 根据滑面条件,按平面、圆弧或折线,选用合理的计算模型;

2 正确选用抗剪强度指标,并采用反演方法检验滑动面的抗剪强度;

3 有地下水时,应计入浮托力和水压力;

4 当有局部滑动时,除验算整体稳定外,尚应验算局部滑动;

5 当有冲刷、人类活动影响时,应计及这些因素的影响。

10.2.8 滑坡稳定性综合评价应根据滑坡的规模、主导因素、滑坡前兆、滑坡区的工程地质、水文地质条件,以及稳定性验算结果进行,并应分析发展趋势和危害程度,提出治理方案的建议。

10.3 崩 塌

10.3.1 崩塌的勘察应在搜集气象、水文、地质、人类活动等资料的基础上,采用工程地质调查和测绘为主,物探、槽探、井探和钻探等手段为辅。

10.3.2 崩塌区的工程地质调查和测绘的比例尺宜采用1:500～1:2000,崩塌方向主剖面比例尺不宜小于1:200,调查和测绘范围宜超出崩积体外一定距离。

10.3.3 工程地质调查和测绘除符合本细则第5章外,尚应补充调查下列内容:

1 地形地貌、崩塌类型、规模、范围、崩塌体的大小和崩落方向;

2 岩体的基本质量等级、岩性特征、风化程度及地质构造;

3 岩体的结构类型、结构面性质、产状、发育与充填特征,优势结构面特征及其与坡面组合关系;

4 气象(重点是大气降水)、地表水、地下水、人类活动情况;

5 当地防治崩塌的经验。

10.3.4 勘探线和勘探点的布置应根据地质条件及崩塌形态确定,并符合下列规定:

1 控制性勘探线应沿主崩方向布置,长度应超过崩塌影响范围,勘探点数量不少于 3 个,勘探点间距不宜大于 40 m;

2 勘探深度应达到崩积体以下,采用钻探方法时,钻探孔深应达到崩积体以下 2 m。

10.3.5 对崩塌的岩土工程评价,应阐明崩塌形成的条件、分布范围、规模、发生崩塌时的滚落方向、危害范围等,并提出防治方案的建议。

10.4 区域地面沉降

10.4.1 地面沉降的调查应搜集下列资料:

1 地面沉降防治规划、地面沉降和地下水动态监测、地面高程测量资料;

2 区域地面沉降累计沉降量等值线图及沉降速率等值线图;

3 第四纪地层结构、埋藏分布特征、厚度和物理力学性质;

4 第四系含水层划分及水文地质特征、地下水的补给、径流、排泄条件,开采历史和现状以及历年地下水位等值线图;

5 地下水回灌情况。

10.4.2 对地面沉降的现状,应调查下列内容:

1 轨道交通通过地段地面沉降的情况;

2 地面沉降对既有轨道交通及建构筑物的影响;

3 地面沉降对高程基准点的影响;

4 地面沉降迹象。

10.4.3 在综合分析地面沉降区域地貌特征、第四纪地层结构、水文地质、工程地质条件以及地下水位及其动态基础上,根据地面沉降原因与现状及地下水开采变化等因素,利用数值模拟、相关分析和类比等方法,分析地面沉降的可能性及发展趋势,预测一定时段内地面沉降量及可能造成的危害,并提出防治措施建议。

10.5 浅层气

10.5.1 浅层气的勘察可采用钻探、物探、静探结合可燃气体检测报警仪的综合勘探手段进行。

10.5.2 浅层气的勘察需查明下列内容：

　　1 气源层的埋深、厚度、分布范围和物理化学特征；

　　2 浅层气生成、储藏和保存条件，确定储气层的物理化学特征、埋深、厚度、分布范围；

　　3 浅层气的成分、气体压力、流量；

　　4 地下水水位与变化幅度、补给、径流、排泄条件，含水层分布位置、空隙率与渗透性，地下水与浅层气的共存关系；

　　5 当地有关浅层气的利用及危害情况和工程处理经验。

10.5.3 浅层气的勘探应符合下列要求：

　　1 勘探线宜按线路纵、横断面方向布置，勘探点应结合地层复杂程度、含气构造和工程类型确定，并应有部分勘探点通过气源层、储气层部位。勘探点的数量、间距应根据实际情况确定。

　　2 勘探深度应穿透气源层、储气层下一定深度。

　　3 各气源层、储气层取土样不应少于3组，隔气顶、底板取土样不少于1组，重点查明岩土的容重、有机质含量、空隙率、饱和度、渗透系数等。

　　4 采集浅层气体的数量不宜少于2组。

10.6 填　　土

10.6.1 填土是指由人类活动而堆积的土。根据其物质组成和堆填方式可把填土分为素填土、杂填土、冲填土和压实填土。

10.6.2 填土勘察宜采用工程地质调查、钻探、井探、原位测试相结合的方法；当填土厚度较大时，也可结合物探的方法。

10.6.3 填土的勘察应符合下列规定：

　　1 搜集历年地形图，调查场地地形、地物的变迁史；

　　2 查明填土组成的物质成分、堆填年限、分布范围、厚度、均匀性、压缩性、密实度等工程性质及其变化规律,对冲填土尚应了解其冲填进土口位置、排水条件和固结程度。

3 查明暗塘、暗浜、旧基础的分布范围和深度。

4 勘探点布置应在本细则第 7 章和第 8 章的要求上适当加密,孔深应穿透填土层,并满足工程设计及地基加固的需要。

5 当填土为黏性土时,尚应采取土试样进行常规物理力学试验。

10.6.4 填土的岩土工程评价应符合下列要求:

1 阐述填土的成分、分布和堆积年代,判定地基的均匀性、压缩性、密实度,必要时应按厚度、强度和变形特性等进行评价,提出填土的处理措施;

2 对填土的承载力、抗剪强度和天然密度等提出建议值;

3 评价填土及其含水状况对基坑和隧道施工的影响。

10.7 污 染 土

10.7.1 污染土是指由于致污物质侵入使土的成份、结构和性质发生了显著变异的土。污染土的定名可在原分类名称前冠以"污染"二字。

10.7.2 污染土的勘察应符合下列规定:

1 以现场调查为主,查明污染土的类型、分布、污染土对已有建筑物的影响程度,必要时查明污染源、污染史及污染途径、化学成分和性质;

2 污染土的勘探宜采用钻探、井探、坑探和原位测试相结合的方法,勘探点间距应结合工程特点、可能采用的处理措施,有针对性地布置,在满足一般场地要求的基础上,按污染程度适当加密;

3 取土间距不宜大于 2 m,确定污染土与未污染土界限时,取土间距不宜大于 1 m;

4 对采取的土试样应进行现场观察其颜色、状态、气味和外观结构等,并与正常土进行比较,查明污染的深度;

5 取样设备应严格保持清洁,每次取样后均应用清洁水冲洗干净,再进行下一个样品的采取;

6 对具有挥发性污染物的试样,应存放在密封的容器中,试验时应采集污染物气体样品,并进行成分的测定;

7 污染土的物理力学性质应采用原位测试结合室内试验等综合方法确定。

10.7.3 有地下水的钻孔应采取不同深度的地下水试样,查明污染物在地下水中的空间分布。

10.7.4 污染土和水的室内试验应包括下列内容:

1 污染土和水的化学成分;

2 污染土的物理力学性质;

3 污染土和水对建筑材料腐蚀性的评价指标。

10.7.5 当污染物对人体健康有害或对机械仪器有腐蚀性时,应采取防护措施。

10.7.6 污染土和水的评价应符合下列要求:

1 污染土分布的平面范围、深度及地下水受污染的空间范围,必要时绘制污染等级分区图;

2 污染土的物理力学性质;

3 污染土和水对建筑材料的腐蚀性;

4 对拟建工程适宜性和地基承载力的影响,并提出防治措施的建议。

10.8 泥 炭 土

10.8.1 泥炭土是指有机质含量大于 10% 的土,包括泥炭质土、泥炭;当土中有机质含量大于 10%、小于等于 60% 时为泥炭质土,有机质含量大于 60% 时为泥炭。

10.8.2 泥炭土勘察宜采用钻探、小螺纹钻、十字板和其他原位测试相结合的手段,并符合下列规定:

1 查明泥炭土的性质及厚度、成因类型、埋藏条件、分布范围、均匀性、渗透性和物理力学性质;

2 勘探点布置应在本细则第 7 章和第 8 章的要求上适当加密；

3 取土间距不宜大于 1 m；

4 除常规试验外，应进行有机质含量、无侧限抗压强度、灵敏度等试验。

10.8.3 泥炭土的岩土工程分析与评价应包括下列内容：

1 判定地基产生失稳和过量沉降或不均匀变形的可能性；

2 分析泥炭土的固结历史，评价泥炭土对桩基工程的影响；

3 分析评价泥炭土对基坑开挖及水泥土加固设计施工的影响。

11 地下水

11.1 一般规定

11.1.1 轨道交通岩土工程勘察应查明沿线与工程有关的水文地质条件,评价地下水对岩土体、工程结构和施工可能产生的作用并提出防治措施的建议。

11.1.2 地下水勘察应在搜集已有工程地质和水文地质资料的基础上,采用调查与测绘、物探、钻探、试验、动态观测等多种手段相结合的综合勘察方法。

11.1.3 水文地质试验方法可根据含水层介质、地下水分布特点按表 11.1.3 选择。

表 11.1.3　主要含水层水文地质试验方法

土层号	岩　性	水文地质试验方法
③₁	含黏性土粉砂、粉砂	注水试验或抽水试验
⑤₃、⑤₅	砂质粉土	注水试验或抽水试验
⑥₄、⑥₅	粉砂	注水试验或抽水试验
⑧₁、⑧₃	砂、砾砂	多孔抽水试验
⑨₂	含黏性土圆砾	抽水试验
—	基岩	压水试验

11.1.4 勘察时遇地下水应量测水位;当场地存在对工程有影响的多层含水层时,应分层量测;水位量测读数至厘米,精度不得低于 ±2 cm。

11.2 地下水勘察要求

11.2.1 地下水勘察应符合下列规定：

1 收集影响建筑场地水文地质条件的气象、水文资料；

2 查明地下水的类型、水位、水量、水质及赋存状态，调查历史天然地下水位及近3～5年最高地下水位；

3 查明主要含水层的分布规律及其渗透性和富水性，提供工程设计所需的水文地质参数；

4 查明地下水的补给、径流、排泄条件，地下水与地表水之间的水力联系，并分析和评价水位变化趋势和主要影响因素；

5 查明地下水化学成分，评价其腐蚀性及程度；

6 评价地下水对岩土体、工程结构和施工的作用和影响，提出防治措施建议。

11.2.2 山岭隧道地下水勘察还应符合下列规定：

1 查明不同岩性接触带、断层破碎带等富水带的位置与分布范围；

2 预测隧道施工中可能发生突水、涌水段（点）的位置以及最大涌水量和正常涌水量，并提出工程措施的建议。

11.2.3 应对每一个对工程建设有影响的含水层进行水文地质试验，其试验数量应根据勘察阶段、水文地质单元及工程特点综合确定，并符合下列规定：

1 初步勘察阶段，按每个水文地质单元布置，其数量不得少于2组；

2 详细勘察阶段，每个地下车站或明挖区间不少于2组。

11.2.4 当分布有承压含水层且对工程建设有影响时，应根据需要布设一定数量水文地质观测孔，进行地下水动态长期观测，观测期限不少于一个水文年。

11.2.5 初见水位和稳定水位可在钻孔、探井内直接量测，稳定水位的间隔时间按地层的渗透性确定。对于砂土和碎石土时间间隔不得少于0.5h，对于粉土和黏性土时间间隔不得少于8h，并宜在勘探结束后统一量测稳定水位。

11.2.6 应分工点和分层采取地下水试样,作腐蚀性测试。腐蚀性判定异常区段,应增补水试样。水试样的采取方法和试验应符合现行相关规范要求。

11.2.7 水和土腐蚀性评价应按《岩土工程勘察规范》(GB 50021)中相关规定执行。

11.2.8 当水、土对建筑材料具有腐蚀性时,应根据《工业建筑防腐蚀设计规范》(GB 50046)的规定,对不同的腐蚀等级,提出防腐蚀处理措施的建议。

11.3 地下水控制

11.3.1 宁波市区地下水位较高,地下结构需进行抗浮验算。当条件复杂时,抗浮设防水位宜做专门研究后确定。

11.3.2 抗浮设防水位也可按下列要求确定:

    1 当场地地下水为潜水或潜水位高于承压水位,并有长期观测资料时,可按最高实测水位确定;当无观测资料时,宁波中心城区可取室外地坪以下 0.5 m。

    2 当地下水与地表水有水力联系时,按地表水的最高洪水位确定。

    3 当只考虑施工期间的抗浮设防时,可按一个水文年的最高水位确定。

11.3.3 轨道交通岩土工程勘察应根据施工方法、开挖深度、含水层岩性和地层组合关系、地下水资源和环境要求,评价地下水对地下工程、周边环境和工程施工的影响,建议适宜的地下水控制方法。

11.3.4 降水方法可按表 11.3.4 的规定选用。

表 11.3.4 降水方法适用范围

名称		适用地层	渗透系数 （m/d）	降低水位 （m）
集水坑明排		基岩、黏性土	＜20.0	＜2
井点 降水	喷射井点	填土、黏性土、粉土、粉砂	0.1～20.0	8～20
	真空井点	黏性土、粉土、粉砂、细砂	0.1～20.0	单级＜6、多 级＜20
	管井	砂土、碎石土	1.0～200.0	＞5

11.3.5 当采用降低地下水位方法时，应评价工程降水可能引起的岩土工程问题：

1 评价降水对工程周边环境的影响；

2 评价降排水形成区域性降落漏斗和引发地下水补给、径流、排泄条件的变化；

3 采用减压井施工时，应分析评价基底稳定性和水位下降对工程周边环境的影响。

11.3.6 轨道交通岩土工程勘察应评价地下水对工程产生的力学作用和化学作用：

1 考虑在最不利组合情况下，对结构物的上浮作用。

2 对于深部承压水，应按下式验算基坑底抗突涌稳定性，基坑底抗突涌安全系数 K_s 不应小于 1.10。

$$K_s = \frac{\gamma H}{\gamma_w h} \tag{11.3.6}$$

式中：H——基坑坑底不透水层的厚度（m）；

γ——土的重度（kN/m³）；

γ_w——水的重度（kN/m³）；

h——承压水位高于含水层顶板的高度（m）。

3 地下水有渗流作用时，地下水的水头和作用宜通过渗流计算进行分析评价。

4 验算边坡稳定时，应考虑地下水对边坡稳定的不利影响。

5 在地下水位下降的影响范围内,应考虑地面沉降及其对工程的影响;当地下水位回升时,应考虑可能引起的回弹和附加的浮托力。

6 在有水头压差的粉细砂、粉土地层中,应考虑产生潜蚀、流土、管涌的可能性。

7 对地下水位以下的工程结构,应评定地下水对建筑材料的腐蚀性。

8 对软质岩、强风化岩、残积土、膨胀岩土,应评价地下水产生的软化、崩解、胀缩等作用。

12 勘探、取样与原位测试

12.1 一般规定

12.1.1 应考虑勘探作业对工程及环境的影响,防止对地下管线、地下构筑物和环境的破坏,并采取有效措施,确保勘探施工安全。

12.1.2 根据地层、勘探深度、取样、原位测试及场地现状,分别采用钻探、井探、槽探等勘探方法。

12.1.3 勘探应分层准确,不得遗漏对工程有影响的软弱夹层、软弱面(带)。

12.1.4 岩土试样的采取方法应结合地层条件、岩土试验技术要求确定。

12.1.5 原位测试方法应根据工程要求、岩土工程性质、地区经验和测试方法的适用性等因素选用。测试方法应符合《岩土工程勘察规范》(GB 50021)的相关规定。

12.1.6 原位测试的仪器设备应定期检验或标定,确保在有效期内方可使用。

12.1.7 原位测试成果资料整理,应考虑仪器设备、试验条件、试验方法等对试验成果的影响,结合地质条件,剔除异常数据,并结合室内试验和本地区经验分析其可靠性。

12.2 勘探点测设

12.2.1 勘探点的定位与测量应根据委托方提供的坐标和高程控制点以及勘测任务书的要求进行。

12.2.2 勘探点定位和测量应符合下列要求:

    1 所有勘探点应采用测量仪器按坐标放样,施工完毕后实测孔口高程。

2 陆域初勘阶段孔位平面位置允许偏差±0.5 m,高程允许偏差±0.10 m;详勘阶段平面允许偏差±0.25 m,高程允许偏差为±0.05 m。

3 水域初勘阶段孔位平面允许偏差±2.0 m,高程允许偏差±0.20 m;详勘阶段平面位置允许偏差±1.0 m,高程允许偏差±0.10 m。

4 当受障碍物影响需移动孔位时,应经项目负责人或委托方同意,初勘阶段移动距离不宜大于 10 m,详勘阶段不宜大于5 m;勘探完毕后,实测各勘探点的坐标和高程。

12.2.3 勘探点测设与高程测量中应列表标明各勘探点点号、方位坐标、孔口高程、依据点及所设临时水准点、方位点的记号、坐标系统和高程系统。

12.3 地球物理勘探

12.3.1 地球物理勘探方法的选择应根据设备性能、物性参数、使用条件、场地条件及工程要求综合考虑。在地质条件复杂地段采用地球物理勘探方法进行勘察时,应采用两种以上的综合地球物理勘探方法。

12.3.2 地球物理勘探可用于下列方面:

1 探测隐伏地质界线、界面、不良地质体、地下管线、含水层等;

2 探测钻孔间及外延段地质情况,为钻探成果的内插、外推提供依据;

3 作为原位测试手段,测定岩土体的波速、动弹性模量、动剪切模量、卓越周期、电阻率、放射性辐射,计算动弹性模量、动剪切模量、卓越周期、土对金属的腐蚀性等参数。

12.3.3 采用地球物理勘探方法时,应具备以下条件:

1 被探测对象与其周围介质间存在一定的物性(电性、弹性、磁性、密度、温度、放射性等)差异;

2 被探测对象的几何尺寸与其埋藏深度或探测距离之比不

应小于 1/10；

    3 能抑制各种干扰,区分有用信号和干扰信号。

12.3.4 在应用地球物理勘探方法时,应进行方法的有效性试验,试验地段应选择在有代表性的地段。

12.4 勘 探

12.4.1 钻探方法可根据岩土类别和勘探要求采用回转岩芯钻探,浅部可采用小口径螺纹钻。

12.4.2 钻探口径和钻具规格应满足成孔口径、取样、测试和钻进工艺的要求。钻孔口径第四系中可选用 108 mm～146 mm,水文地质试验孔尚需满足管径和填砾等试验要求。

12.4.3 钻探应符合下列规定：

    1 钻进深度、岩土分层深度允许误差为±0.05 m,地下水位量测允许误差为±0.02 m；

    2 对鉴别地层天然湿度的钻孔,在地下水位以上应进行干钻；

    3 钻探的回次进尺不宜超过 2 m,在砂土、碎石土等地层中,应控制回次进尺以确保分层与描述的要求,对需要具体查明的部位(滑动带、软弱夹层、破碎带等)应采用双层岩芯管连续取芯；

    4 钻探、取样的具体方法,应符合《建筑工程地质勘探与取样技术规程》(JGJ/T87)的规定；

    5 岩芯采取率应按回次逐次计算,并符合表 12.4.3 的规定；

表 12.4.3 钻探岩芯采取率

岩土层	岩芯采取率(%)
黏性土层	≥90
粉土、砂土层	≥70
碎石土层	≥50

岩土层	岩芯采取率(%)
破碎岩层	≥65
滑动面及重要结构面上下 5 m 范围内	≥70
完整岩层	≥80

注：1.岩芯采取率：圆柱状、圆片状及合成柱状岩芯长度与破散岩芯装入同径岩芯管中高度之总和与该回次进尺的百分比；2.滑动面及重要结构面在第四系土中时，应符合相同土类岩土层取岩芯率的规定。

  6 当需确定岩石质量指标(RQD)时，应采用 75 mm 口径(N 型)双层岩芯管和金刚石钻头；

  7 钻孔终孔后，应校正孔深，孔深偏差不应大于±2‰。

12.4.4 钻进过程中遇到缩孔、坍孔、断杆、气体溢出等异常情况时，应注明钻孔位置、钻进深度、严重程度及断杆处理情况等。

12.4.5 钻探的野外描述和记录应符合下列要求：

  1 描述和记录应由专业技术人员或经培训上岗人员承担，记录应及时、真实；

  2 岩芯应按回次描述，内容满足相关要求；

  3 岩芯应拍照留存，必要时，装箱保存并移交委托方。

12.4.6 钻探中应避让高架线路，防止对地下管线和地下设施的破坏，严禁整体移机，确保安全生产。在有地下管线地段施工时，应采用如下钻孔开孔程序：

  1 收集已有管线图，勘探布点及现场测设应避开各种地下管线；

  2 采用物探手段进行地下管线探查、验证；

  3 现场放样后，应核对管线图纸和现场标志，并经管线权属部门现场确认；

  4 人工开挖至原状土层或不少于 2 m，之后采用浅探手段探至 3 m～5 m；

  5 浅部 5 m～10 m 采用压入法缓慢钻进，遇异常应停钻处理。

12.4.7 野外钻探施工场地应进行围挡,并设置警示牌和交通引导牌等;钻孔完工后应做好场地清理,钻孔应按有关要求回填,回填材料及方法可按表 12.4.7 的要求选择。

表 12.4.7 回填材料及方法

回填材料	回填方法
直径 20 mm 左右黏土球	均匀回填,每 0.5 m~1 m 分层捣实;有套管护壁的钻孔应边起拔套管边回填
水泥浆、水泥与膨润土或粉煤灰浆液	泥浆泵送入孔底,逐步向上灌注

12.4.8 在山岭隧道等地段,可根据实际地质条件采用钻探、井探、槽探等勘探手段。

12.5 取 样

12.5.1 工程地质钻探的土样采取分为扰动土样与不扰动土样两类。土试样质量应根据试验目的按表 12.5.1 分为 4 个质量等级。

表 12.5.1 土试样质量等级

级别	扰动程度	试 验 内 容
Ⅰ	不扰动	土类定名、含水量、密度、物理性试验、强度试验、固结试验
Ⅱ	轻微扰动	土类定名、含水量、密度
Ⅲ	显著扰动	土类定名、含水量
Ⅳ	完全扰动	土类定名

注:1. 不扰动是指原位应力状态虽已改变,但土的结构、含水量、密度变化很小,能满足室内试验各项要求;2. 对于可塑、硬塑状的黏性土及非饱和的中密、密实状粉土,在工程技术要求允许的情况下可用Ⅱ级土试样进行强度和固结试验,但宜先对土试样受扰动程度作抽样鉴定,判定用于试验的适宜性,并结合地区经验使用试验效果。

12.5.2 土样的采取应根据取样要求和地层特点,选用合适取土器。对于Ⅰ级土试样,软黏土宜选用薄壁取样器,硬黏土可选用单动或双动三重管取样器,粉(砂)土可选用内置环刀的取砂器。

12.5.3 在钻孔中采取Ⅰ、Ⅱ级土试样时,应满足下列要求:

1 在软土、砂土中宜采用泥浆护壁,如使用套管,应保持管内水位等于或稍高于地下水位,取样位置应低于套管底$3d$(d为套管直径)孔径的距离;

2 下放取土器前应仔细清孔,清除扰动土,孔底残留土厚度不应大于取土器废土筒段长度(活塞取土器除外);

3 采取土试样对薄壁取土器宜用快速静力连续压入法,对普通取土器宜用重锤少击法;

4 在探井、探槽中取样时,应与开挖掘进同步进行,且样品应有代表性。探井、探槽中采取的岩土试验宜用盒装;

5 采取断层泥、滑动带或较薄土层的试样,可用试验环刀直接压入取样。

12.5.4 土试样应妥善密封,防止湿度变化,严防曝晒或冰冻,保存时间不宜超过2周,夏季高温时不宜超过1周。在运输中应避免振动,对易于振动液化、水分离析的土试样宜在现场或就近进行试验。

12.5.5 岩石试样可利用钻探岩芯截取制作或在探井、探槽、竖井和平硐中采取,采取的毛样尺寸应满足试块加工的要求;在特殊情况下,试样形状、尺寸和方向由岩体力学试验设计确定。

12.5.6 比热容、导热系数、导温系数、基床系数、动三轴特殊试验项目的取样,应满足试验的要求。

12.6 原位测试

12.6.1 静力触探试验:

1 静力触探试验适用于软土、一般黏性土、粉土、砂土和含少量碎石的土。静力触探可根据工程需要采用双桥探头或带孔隙水压力量测的三桥探头，测定锥尖阻力（q_c）、侧壁摩阻力（f_s）及贯入时的孔隙水压力（u）。

2 当贯入深度超过 30 m 或穿过厚层软土后再贯入硬土层时，宜采取措施防止孔斜或断杆，也可配置具有测斜功能的探头，量测触探孔的偏斜角，校正土层界线的深度。

3 水上触探应有保证孔位不致发生偏移以及在试验过程中不发生探头上下移动的稳定措施，水底以上部位应加设防止探杆桡曲的装置。

4 当在预定深度内进行孔压消散试验时，应测停止贯入后不同时间的孔压值，其计时间隔由密而疏合理控制。

5 根据静力触探资料，利用地区经验，可进行力学分层，估算土的塑性状态或密实度、强度、压缩性、地基承载力指标、沉桩阻力，进行液化判别等。根据孔压消散曲线可估算土的固结系数和渗透系数。

12.6.2 标准贯入试验：

1 标准贯入试验适用于砂土、粉土、黏性土、残积土、全风化岩。

2 标准贯入试验的设备应符合表 12.6.2 的规定。

3 标准贯入试验孔应采用回转钻进，并保持孔内水位略高于地下水位；当孔壁不稳定时可用泥浆护壁，钻至试验标高以上15 cm 处，清除孔底残土后再进行试验。

4 采用自动脱钩的自动落锤法进行锤击，并减小导向杆与锤间的摩阻力，避免锤击时的偏心和晃动，保持贯入器、钻杆、导向杆联接后的垂直度，锤击速率应小于 30 击/min。

5 贯入器至预定试验深度后，先预打 15 cm 后，开始计入打入 30 cm 的锤击数为标准贯入试验锤击数 N，记录应包括预打的15 cm 和每打入 10 cm 的锤击数；当累计 30 cm 锤击数已达 50 击，而贯入深度未达 30 cm 时，可记录 50 击的实际贯入深度，按下式换算成相当于 30 cm 的标准贯入试验锤击数 N，并终止试验：

$$N = 30 \times \frac{50}{\Delta S}$$

（12.6.2）

式中:N——实测标准贯入锤击数;

  ΔS——50 击时的贯入度(cm)。

表 12.6.2　标准贯入试验的设备规格

落锤		锤的重量(kg)	63.5
		落距(cm)	76
贯入器	对开管	长度(mm)	>500
		外径(mm)	51
		内径(mm)	35
	管靴	长度(mm)	50~76
		刃口角度(°)	18~20
		刃口单刃厚度(mm)	2.5
钻杆		直径(mm)	42
		相对弯曲	<1/1000

　　6　标准贯入试验成果 N 应直接标在工程地质剖面图上,或绘制单孔标准贯入击数 N 与深度关系曲线或直方图。

12.6.3　重型动力触探试验:

　　1　圆锥动力触探试验的类型可分为轻型、重型和超重型 3 种,其规格和适用土类应符合表 12.6.3 的规定。

　　2　对轻型动力触探,当 N_{10} >100 或贯入 15 cm 锤击数超过 50 击时,可停止试验;对重型动力触探,当连续 3 次 $N_{63.5}$ >50 击时可停止试验或改用超重型动力触探。

　　3　计算单孔分层贯入指标平均值时,应剔除临界深度以内的数值、超前和滞后影响范围内的异常值。

　　4　根据各孔分层的贯入指标平均值,用厚度加权平均法计算场地分层贯入指标平均值和变异系数。

　　5　圆锥动力触探试验应结合地区经验,并与其他方法配合使用。

表 12.6.3　圆锥动力触探类型和适用范围

圆锥动力触探类型		轻型	重型	超重型
落锤	锤的质量(kg)	10	63.5	120
	落距(cm)	50	76	100
探头	直径(mm)	40	74	74
	锥角(°)	60	60	60
探杆直径(mm)		25	42	50～60
指　标		贯入 30 cm 的读数 N_{10}	贯入 10 cm 的读数 $N_{63.5}$	贯入 10 cm 的读数 N_{120}
主要适用岩土		浅部(埋深小于 5 m)的填土、砂土、粉土、黏性土	砂土、中密以下的碎石土、极软岩	碎石土、软岩、极软岩

12.6.4 十字板剪切试验：

　1　十字板剪切试验适用于均质饱和软黏性土；

　2　试验点间距可取 1 m～2 m，或根据静力触探试验等资料布置；

　3　十字板头插入钻孔底的深度不应小于钻孔或套管直径的 3～5 倍；

　4　十字板插入至试验深度后，至少应静止 2 min～3 min，方可开始试验；

　5　扭转剪切速率宜采用(1°～2°)/10 s，并应在测得峰值强度后继续测记 1 min；

　6　在峰值强度或稳定值测试完后，顺扭转方向连续转动 6 圈后，测定重塑土的不排水抗剪强度；

　7　十字板剪切试验成果资料整理应包括计算各试验点土的不排水抗剪峰值强度、残余强度、重塑土强度和灵敏度，绘制单孔十字板剪试验土的不排水抗剪峰值强度、残余强度、重塑土强度和灵敏度随深度的变化曲线，需要时绘制抗剪强度与扭转角度的关系曲线；

8 根据土层条件和地区经验，对实测的十字板不排水抗剪强度进行修正。

12.6.5 扁铲侧胀试验：

1 扁铲侧胀试验适用于黏性土、粉土和松散～中密的砂土等，主要用于判别土类，确定黏性土的状态、水平基床系数、静止侧压力系数等。

2 扁铲侧胀试验试验应符合下列规定：

1） 扁铲侧胀试验探头长 230 mm～240 mm、宽 94 mm～96 mm、厚 14 mm～16 mm，探头前缘刃角 12°～16°，探头侧面钢膜片的直径 60 mm。

2） 每孔试验前后均应进行探头率定，取试验前后的平均值为修正值。膜片的合格标准为：

a 率定时膨胀至 0.05 mm 的气压实测值 $\Delta A = 5$ kPa～25 kPa；

b 率定时膨胀至 1.10 mm 的气压实测值 $\Delta B = 10$ kPa～110 kPa。

3） 试验时，应以静力匀速将探头贯入土中，贯入速率宜为 2 cm/s，试验点间距可取 20 cm～50 cm。

4） 探头达到预定深度后，应匀速加压和减压测定膜片膨胀至 0.05 mm、1.10 mm 和回到 0.05 mm 的压力 A、B、C 值。

5） 扁铲侧胀消散试验，应在需测试的深度进行，测读时间间隔可取 1 min、2 min、4 min、8 min、15 min、30 min、60 min、90 min，以后每 60 min 测读 1 次，直到消散结束。

3 扁铲侧胀试验成果整理应包括：

1） 对试验的实测数据进行膜片刚度修正：

$$p_0 = 1.05(A - Z_m + \Delta A)) - 0.05(B - Z_m - \Delta B)$$

$$(12.6.5-1)$$

$$p_1 = B - Z_m - \Delta B \qquad (12.6.5-2)$$

$$p_2 = C - Z_m + \Delta A \qquad (12.6.5-3)$$

式中：p_0——膜片向土中膨胀之前的接触压力(kPa)；

p_1——膜片膨胀至 1.10 mm 时的压力(kPa)；

p_2——膜片膨胀回到 0.05 mm 时的终止压力(kPa)；

Z_m——调零前的压力表初读数(kPa)。

2）根据 p_0、p_1、p_2，计算下列指标：

$$E_D = 34.7(p_1 - p_0) \qquad (12.6.5\text{-}4)$$

$$K_D = \frac{(p_0 - u_0)}{\sigma_{v0}} \qquad (12.6.5\text{-}5)$$

$$I_D = (p_1 - p_0)/(p_0 - u_0) \qquad (12.6.5\text{-}6)$$

$$U_D = (p_2 - u_0)/(p_0 - u_0) \qquad (12.6.5\text{-}7)$$

式中：E_D——侧胀模量(kPa)；

K_D——侧胀水平应力指数；

I_D——侧胀土性指数；

U_D——侧胀孔压指数；

u_0——试验深度处的静水压力(kPa)；

σ_{v0}——试验深度处土的有效上覆压力(kPa)。

3）绘制 E_D、I_D、K_D、U_D 与深度的关系曲线。

4 根据扁铲侧胀试验指标，可判别土类，确定黏性土的状态、土静止侧压力系数、水平基床系数等。

12.6.6 旁压试验：

1 旁压试验宜采用自钻式旁压试验，适用于黏性土、粉土、砂土、碎石土、残积土、极软岩和软岩等。

2 旁压试验应在有代表性的位置和深度进行，旁压器的量测腔应在同一土层内，试验点的竖向间距不宜小于 1 m，每层土的测点不应少于 1 个，厚度大于 3 m 的土层测点不应少于 3 个。

3 加荷等级可采用预期临塑压力的 1/5～1/7，对不易预估临塑压力的土层，可按表 12.6.6 确定加荷增量；初始阶段加荷等级可取小值，必要时可作卸荷再加荷试验，测定再加荷旁压模量。

表 12.6.6 试验加载增量

土性特征	加载增量(kPa)
淤泥、淤泥质土、流塑状黏性土、松散状粉土、砂土	≤15
软塑状黏性土，稍密状粉土、砂土	15～25
可塑－硬塑状黏性土，中密状粉土、砂土	25～50
坚硬状黏性土，密实状粉土、砂土	15～150
软质岩，风化岩	100～600

注：为确定 p-V 曲线上直线段起点对应的压力 p_0，开始的 1～2 级加载增量宜减半施加。

4 每级压力应保持相对稳定的观测时间，每级压力应维持 1 min 或 3 min 后再施加下一级压力。维持 1 min 时，加荷后 15 s、30 s、60 s 测读变形量，维持 3 min 时，加荷后 15 s、30 s、60 s、120 s、180 s 测读变形量。

5 当量测腔的扩张体积相当于量测腔的固有体积时，或压力达到仪器的容许最大压力时，应终止试验。

旁压试验成果资料整理应包括：

1) 对各级压力和相应的扩张体积(或换算为半径增量)分别进行约束力和体积的修正，绘制压力与体积曲线，需要时可作蠕变曲线。

2) 根据压力与体积曲线，结合蠕变曲线确定初始压力、临塑压力和极限压力，地基极限强度 f_L 和临塑强度 f_y，按下列公式计算：

$$f_L = p_L - p_0 \qquad (12.6.6\text{-}1)$$

$$f_y = p_f - p_0 \qquad (12.6.6\text{-}2)$$

式中：p_0——旁压试验初始压力(kPa)；

p_L——旁压试验极限压力(kPa)；

p_f——旁压试验临塑压力(kPa)。

3) 根据压力与体积曲线的直线段斜率，按下式计算旁压模量：

$$E_{\mathrm{m}} = 2(1+\mu)(V_{\mathrm{c}} + \frac{V_0 + V_{\mathrm{f}}}{2})\frac{\Delta p}{\Delta V} \qquad (12.6.6\text{-}3)$$

式中：E_{m}——旁压模量（kPa）；

　　　μ——泊松比（碎石土取 0.27，砂土取 0.30，粉土取 0.35，粉质黏土取 0.38，黏土取 0.42）；

　　　V_{c}——旁压器量测腔初始固有体积（cm^3）；

　　　V_0——与初始压力 p_0 对应的体积（cm^3）；

　　　V_{f}——与临塑压力 p_{f} 对应的体积（cm^3）；

　　　$\Delta p/\Delta V$——旁压曲线直线段的斜率（kPa/cm^3）。

　　6 根据初始压力、临塑压力、极限压力和旁压模量，结合地区经验可评定地基承载力和变形参数。根据自钻式旁压试验的旁压曲线，还可以测求土的原位水平应力、静止侧压力系数、不排水抗剪强度等。

12.6.7 波速试验：

　　1 波速试验适用于测定各类岩土体的压缩波、剪切波或瑞利波的波速，可根据任务要求采用单孔法、跨孔法和面波法。

　　2 波速测试的技术要求应符合下列规定：

　　1） 测试孔应垂直；

　　2） 将三分量检波器固定在孔内预定深度处，并紧贴孔壁；

　　3） 可采用地面激振或孔内激振，当测试深度较大时，宜采用孔内激振；

　　4） 应结合土层布置测点，测点的垂直间距宜取 1 m～3 m。层位变化处加密，并宜自下而上逐点测试。

　　3 波速测试成果资料整理包括：

　　1） 在波形记录上识别压缩波和剪切波的初至时间；

　　2） 计算由振源到达测点的距离；

　　3） 根据波的传播时间和距离确定波速；

　　4） 计算岩土应变的动弹性模量、动剪切模量和动泊松比。

12.6.8 地温测试：

　　1 地温测试主要用于测定地表下一定深度范围内地层的温

度,为设计提供设计依据。

2 地温测试可采用钻孔法、贯入法、埋设温度传感器法,地温长期观测宜采用埋设温度传感器法。

3 温度传感器的测量范围宜为−20 ℃～100 ℃,测量误差不宜大于±0.5 ℃,温度传感器和读数仪使用前应进行校验。

4 每个地下车站均宜进行地温测试,测试点宜布设在隧道上下各一倍洞径深度范围;发现有热源影响区域,采用冻结法施工或设计有特殊要求的部位应布置测试点。

5 钻孔法测试应符合下列规定:

1) 钻孔中进行瞬态测温时,地下水位静止时间不宜小于24 h,稳态测温时地下水位时间不宜小于5 d;

2) 重复测量应在观测后8 h进行,两次测量误差不超过0.5 ℃。

6 贯入法测试时,温度传感器插入钻孔底的深度不应小于钻孔或套管直径的3～5倍;插入至测试深度后,至少应静止5 min～10 min,方可开始观测。

7 地温测试点应布置在不易遭受破坏和外界影响的场地内,观测周期宜为1年,观测频率宜为1～2周一次。

8 地温测试成果资料整理应符合下列要求:

1) 地温测试前应记录测试点气温、天气、日期、时间以及光线遮挡情况,钻孔法应记录地下水稳定水位;

2) 绘制地温随深度变化曲线图,不同深度土性、孔隙比、含水量、饱和度及热物理指标变化情况,1年期测试结果宜绘制不同土层温度随时间变化曲线图;

3) 不同气温条件下地层测温结果对比,推算地层稳态温度。

12.6.9 平板载荷试验:

1 平板载荷试验应符合下列要求:

1) 浅层平板载荷试验的试坑宽度或直径不应小于承压板宽度或直径的3倍;深层平板载荷试验的试井直径应等于承压板

直径;当试井直径大于承压板直径时,紧靠承压板周围土的高度不应小于承压板直径。

　　2)　试坑或试井底的岩土应避免扰动,以保持其原状结构和天然湿度,且应在承压板下铺设不超过 20 mm 的砂垫层找平,并尽快安装试验设备。

　　3)　载荷试验加荷方式应采用分级维持荷载沉降相对稳定法(常规慢速法);有地区经验时,可采用分级加荷沉降非稳定法(快速法)或等沉降速率法;加荷等级宜取 10～12 级,并不应少于 8 级,荷载量测精度不应低于最大荷载的±1‰。

　　2　根据载荷试验成果分析要求,应绘制荷载(p)与沉降(s)曲线,必要时绘制各级荷载下沉降(s)与时间(t)或时间对数($\lg t$)曲线。

　　3　基床系数的确定:

　　1)　直接测定:采用边长为 0.305 m 的方形承压板的平板载荷试验的 p-s 曲线,可直接求得基准基床系数 K_v 值,按下列公式计算:

$$K_v = \frac{p}{s} \qquad (12.6.9\text{-}1)$$

式中:p/s —— p-s 关系曲线直线的斜率;如曲线初始无直线段,p 可取临塑荷载之半(kPa),s 为相应于该 p 值的沉降值(m)。

　　2)　间接测定:若平板载荷试验的承压板尺寸不是标准的 b=0.305 m,所测得的基床系数 K 值,则基准基床系数 K_v 可按下式换算:

黏性土　　　　　　$$K_v = \frac{B}{0.305}K \qquad (12.6.9\text{-}2)$$

砂性土　　　　　　$$K_v = \frac{4B^2}{(B+0.305)^2}K \qquad (12.6.9\text{-}3)$$

式中:B——承压板的直径或边长(m);

　　　　K——实测基床系数(kN/m³)。

12.6.10　抽水试验:

　　1　抽水试验适用于渗透性良好的砂土、碎石土地层;

2 抽水试验应在单一含水层中进行,并采取措施,避免其他含水层的干扰;

3 抽水试验宜采用 3 次降深,最大降深应接近工程设计所需的地下水位降深的标高,其余两次下降值宜分别为最大下降值的 1/3 和 2/3;

4 水位量测应采用同一方法和仪器,读数对抽水孔为厘米,对观测孔为毫米;

5 当涌水量与时间关系曲线和动水位与时间的关系曲线在一定范围内波动时,而没有持续上升和下降的趋势,可认为已经稳定;

6 稳定水位的延续时间:卵(砾)石、粗砂含水层为 8 h,中砂、细砂和粉砂含水层为 16 h,基岩含水层(带)为 24 h;

7 抽水结束后应量测恢复水位;

8 抽水试验资料整理应包括下列内容:水位、流量与时间过程曲线图,Q-$f(s)$ 曲线图,q-$f(s)$ 曲线图,水位恢复曲线图,钻孔岩性柱状图和井孔结构图以及参数计算表,编制单孔抽水试验综合成果图。

12.6.11 压水试验:

1 压水试验适用于测定岩层的裂隙性和渗透性,获得单位吸水量等参数;

2 压水试验应根据工程要求,结合工程地质测绘和钻探资料,确定试验孔位,按岩层的渗透性划分试验段,按需要确定试验的起始压力、最大压力和压力级数,及时绘制压力与压入水量的关系曲线,计算试验段的透水率、渗透系数,确定 p-Q 曲线类型。

3 压水试验资料应按下列规定整理:

1) 绘制 p-Q 曲线图,按曲线形态确定类型。

2) 透水率宜采用第三阶段的压力值(p_3)和流量值(Q_3)按下式计算:

$$q = \frac{Q_3}{Lp_3} \qquad (12.6.11\text{-}1)$$

式中：q——试验段透水率(Lu)；

L——试验段长度(m)；

Q_3——第三阶段的计算流量(L/min)；

p_3——第三阶段的试验段压力(MPa)。

3) 当试验段位于地下水位以下，透水性较小($q<10$ Lu)、曲线为层流型时，可按下式计算岩体渗透系数：

$$k = \frac{Q}{2\pi HL} \ln \frac{L}{r_0} \qquad (12.6.11-2)$$

式中：k——岩体渗透系数(m/d)；

Q——压入流量(m^3/d)；

H——试验水头(m)；

r_0——钻孔半径(m)。

12.6.12 钻孔注水试验：

1 钻孔注水试验适用于水位埋深较浅，不便于抽水的粉土、砂土含水层或贫水的透水岩土层；

2 钻孔注水试验应根据地层特点选择常水头法和变水头法注水；

3 试验孔应根据试验要求做好止水措施和过滤设备；

4 成果资料整理应包括下列内容：

1) 绘制 Q-t 曲线；

2) 绘制试验钻孔岩性柱状和井孔结构图；

3) 计算试验段渗透系数。

13 室内试验

13.1 一般规定

13.1.1 岩土的室内试验项目和试验方法应根据设计要求和岩土性质的特点等综合确定。岩土力学试验条件应接近工程实际情况，并应考虑岩土的非均质性、非等向性和不连续性以及由此产生的岩土体与岩土试样在工程上的差别。各种试验项目、测定参数、工程应用见表13.1.1，对特种试验项目，应制定专门的试验方案。

表 13.1.1 室内土工试验项目、参数与工程应用

项目分类	试验类别	试验项目	主要参数	工程应用
常规项目	物理性质	含水率、密度、比重	含水率 w、密度 ρ、比重 G_s	土的基本参数计算
		界限含水率	液限 w_L、塑限 w_P、塑性指数 I_P、液性指数 I_L	黏性土的分类，判断黏性土的状态
		颗粒分析(筛析法、比重计法)	不均匀系数 C_u、曲率系数 C_c、黏粒含量 M_c	粉土和砂土的分类，确定黏粒含量
	力学性质	直剪快剪	内摩擦角 φ_q、黏聚力 c_q	黏性土地基快速加荷时的稳定性验算，适用于渗透系数小于 1.0×10^{-6} cm/s 且均质的黏性土
		直剪固结快剪	内摩擦角 φ_{cq}、黏聚力 c_{cq}	天然地基承载力计算，基坑及边坡的稳定性验算
		快速固结	e-p 曲线、压缩系数 a、压缩模量 E_s	沉降计算

项目 分类	试验 类别	试验项目		主要参数	工程应用
特殊项目	物理性质	烧失量		烧失量 O_m	有机质的分类
		渗透	变水头	渗透系数 k_v、k_h	渗透性的评价
			常水头	渗透系数 k	渗透性的评价
	力学性质	三轴压缩试验	UU	内摩擦角 φ_{uu}、黏聚力 c_{uu}	施工速度较快,排水条件较差的黏性土的地基稳定性验算;桩周土极限摩阻力计算;桩端软弱下卧层强度验算
			CU	有效内摩擦角 φ'、有效黏聚力 c'、总应力内摩擦角 φ_{cu}、总应力黏聚力 c_{cu}	施工速度较慢,考虑上部荷载引起地基强度增长,固结后地基稳定性验算
		无侧限抗压强度		抗压强度 q_u、q'_u、灵敏度 S_t	饱和软黏土施工期稳定性验算
		静止侧压力系数		侧压力系数 K_0	研究土中应力与应变的关系,进行静止侧压力计算
		基床系数		基床系数 K_h、K_v	考虑土－结构的相互作用,一般用来计算围护桩/墙变形
		天然休止角		水上休止角 α_c、水下休止角 α_m	在砂土基础开挖时,确定边坡坡率,适用于粒径小于 5 mm 无凝聚性砂土
		固结		e-$\log p$ 曲线、先期固结压力、超固结比 OCR、压缩指数 C_c、回弹指数 C_s、回弹模量 E_e	土的应力历史评价,考虑应力历史的沉降计算
				固结系数 C_v 和 C_h、次固结系数 C_{ae}	黏性土沉降速率和固结度计算

项目分类	试验类别	试验项目	主要参数	工程应用
特殊项目	动力性质	动三轴动单剪	动强度（C_d 和 φ_d）、动弹性模量 E_d，动阻尼比 λ	地震反应分析，地基土液化判别
		共振柱	动剪切模量 G_d，动阻尼比 λ	

13.1.2 对照所送岩、土、水样和试验项目应逐个、逐项进行检查验收。

13.1.3 土工试验室应通过计量认证，试验仪器应按计量认证的要求定期检验及标识，并符合精度要求。

13.1.4 岩土试验操作和试验使用的仪器应符合现行国家标准《土工试验方法标准》（GB/T 50123）、《工程岩体试验方法标准》（GB/T 50266）和《土工仪器的基本参数及通用技术条件》（GB/T 15406）的有关规定。宁波平原土的物理力学指标统计表详见附录 C。

13.1.5 水质分析试验应根据设计要求选用相应标准进行试验。

13.2 试样的制备

13.2.1 开土、切削试样时，应对岩土样品的特征和重要性状做肉眼鉴别和简要描述。当同一筒土样中土质或土的状态不同时，应分别记录、描述和试验。

13.2.2 黏性土、粉土可从切削土样的余土或扰动样中取代表性试样进行含水率、界限含水率、比重、颗粒分析等试验；砂土、碎石土进行颗粒分析试验。

13.2.3 制样后应保留可供室内报告审核时补点试验和检验使用的土样。

13.3 土的物理性质试验

13.3.1 含水率试验应进行 2 次平行测定,非均质土宜进行 3 次以上的试验测定。

13.3.2 土的密度试验宜采用环刀法,均质土密度取同一组 2 块及以上试样平均值,非均质土密度取同一组 3 块及以上试样平均值。无法用环刀制备试样时,可用蜡封法。

13.3.3 界限含水率可采用液、塑限联合测定法测定或 76g 圆锥仪法进行液限测定(下沉深度为 10 mm)和采用滚搓法进行塑限测定,并应在试验报告上注明。

13.3.4 土粒比重可根据经验确定,在没有经验的地区或有机质含量较高的土样应进行实测。

13.3.5 颗粒分析试验,粒径大于 0.075 mm 可采用筛析法,粒径小于 0.075 mm 可采用密度计法或移液管法(4% 浓度的六偏磷酸钠作为分散剂)。若试样中易溶盐含量大于 0.5% 时应洗盐。

13.3.6 常水头渗透试验适用于砂土,变水头渗透试验适用于黏性土和粉土,试验宜重复测记 3 次以上,计算的渗透系数宜取 3 个误差不大于 2×10^{-n} 的数据平均值,对透水性很低的饱和黏性土,可通过固结试验测定固结系数 C_v、C_h,计算渗透系数 k_v、k_h。

13.3.7 有机质试验采用灼矢量法时,在灼烧前应将试样及坩锅在 65 ℃～70 ℃ 的恒温干燥箱内烘至恒量,置于干燥器内冷却至室温,称其质量,准确至 0.001 g;灼烧时应将试样置于高温炉内,在温度 550 ℃ 下烧灼至恒量,置于干燥器内冷却至室温,称其质量,准确至 0.001 g。

13.4 土的力学性质试验

13.4.1 固结试验应满足下列要求:

　　1 加荷等级,第一级压力宜为 50 kPa;对于淤泥和新近沉积软黏土,第一级压力宜为 25 kPa。加荷荷重率不宜大于 1,最后一级压力应大于土的自重压力与附加压力之和;土工试验报告应提供 100 kPa～200 kPa 压力范围的压缩系数和压缩模量,并附 e-p 曲线或各级压力下的孔隙比表。

2 对黏性土,当固结压力小于等于 400 kPa 时,可采用综合固结度校正的快速法,大于 400 kPa 时可采用慢速法或用次固结增量校正的快速法。

3 基坑工程考虑卸荷加荷影响时,宜进行卸荷回弹模量测定,其压力的施加宜模拟实际卸荷加荷状态,回弹模量试验应采用慢速法,回弹模量应按下列公式计算:

$$E_c = \frac{1 + e_1}{a_0} \qquad (13.4.1\text{-}1)$$

式中:E_c——土的回弹模量(kPa);

e_1——卸荷后或再加荷时土的孔隙比;

a_0——土的回弹系数(kPa^{-1}),土的回弹系数 a_0 为

$$a_0 = \frac{\Delta e'}{p_c - p_1} \qquad (13.4.1\text{-}2)$$

式中:p_c——卸荷前的压力或前期固结压力(kPa);

p_1——卸荷后的压力或土的自重有效应力(kPa);

$\Delta e'$——卸荷和再压缩曲线上相应于压力从 p_1 到 p_c 的孔隙比变化量。

4 固结系数测定宜采用慢速法或用次固结增量法校正的快速法,最大压力应超过自重压力与附加压力之和。

5 次固结系数测定应采用慢速法,最大压力应超过自重压力与附加压力之和。

13.4.2 先期固结压力试验应满足下列要求:

1 试样质量宜采用 I 级土样;

2 加荷等级,第一级压力值宜用 12.5 kPa,荷重率不应大于 1(在先期固结压力段附近荷重率宜减小),施加的最大压力应使测得的 e-$\lg p$ 曲线下段出现明显的直线段;

3 加荷稳定标准宜为 24 h,或每小时变形量小于 0.005 mm,也可采用间隔 2 h 逐级加荷的快速法,并按次固结增量法进

行校正；

　　4　回弹试验宜在大于土的先期固结压力后进行，或在最后一级压力固结稳定后卸压，直至第一级或第二级压力止；回弹测读应采用慢速法；

　　5　计算方法宜用最小曲率半径法（C 法）确定先期固结压力 p_c；

　　6　土试报告应提供 p_c、C_c、C_s 值并附 e-$\log p$ 曲线。

13.4.3　直接剪切试验：

　　直剪固结快剪试验宜用于一般黏性土、粉土、砂土等土层，直剪固结快剪试验应满足下列要求：

　　1　试验宜用 4 件性质相同的试样；

　　2　四级垂直压力，第一级垂直压力宜接近土的自重压力，第四级垂直压力宜接近土的自重压力与附加压力之和；

　　3　预固结分级加荷的时间间隔不宜少于 0.5 h，对于软土试样不宜少于 1 h；

　　4　直剪固结快剪的预固结时间（以施加最后一级荷载时起计），对于黏性土不宜少于 6 h，对于粉性土及砂土不宜少于 4 h；

　　5　抗剪强度参数 c、φ 值宜用最小二乘法计算或绘制抗剪强度与垂直压力关系曲线确定，抗剪强度线宜在 4 个试验点之间通过。

13.4.4　三轴压缩试验应满足下列要求：

　　1　试验方法应与工程实际相一致，对加荷速率快、排水条件差的黏性土宜用不固结不排水（UU）试验，对考虑上部荷载引起土的强度增长或排水固结的基坑工程，可采用固结不排水（CU）试验；

　　2　试样质量宜采用 I 级土样，取样直径不宜小于 108 mm，以平行制备不少于 3 个土质结构相同的试样；

　　3　试验围压宜根据工程实际荷重确定；

　　4　试样起始孔隙水压力系数 B 值不宜小于 0.95，排水固结稳定标准宜采用孔隙水压力消散达 95％以上；

5 土工试验报告中,UU 试验应提供 c_u、φ_u,附摩尔圆包络线;CU 试验应提供 c_{cu}、φ_{cu}、c'、φ',附总应力和有效应力摩尔圆包络线。

13.4.5 基床系数可采用三轴试验或固结试验的方法来测得。

13.4.6 静止侧压力系数试验可按照行业标准《土工试验规程》(SL 237)执行。

13.4.7 无侧限抗压强度试验除测试原状试样的无侧限抗压强度外,还应测试该原状土样重塑后的无侧限抗压强度,并提供灵敏度。

13.4.8 为隧道通风设计或冻结法施工需要,应测定岩土的热物理指标。岩土热物理指标的测定,可采用面热源法、热线比较法及热平衡法。

13.4.9 冻结法施工中的人工冻土物理力学性能试验可按行业标准《人工冻土物理力学性能试验》(MTT 593.3)执行。宁波平原第四系土热物性指标统计表详见附录 D。

13.5 土的动力性质试验

13.5.1 当工程设计要求测定土的动力性质时,可选用动三轴、动单剪、动扭剪或共振柱试验:

1 测定应变幅为 $10^{-4} \sim 10^{-1}$ 范围内的动模量和阻尼比时,可进行动三轴、动单剪、动扭剪试验;

2 测定应变幅为 $10^{-6} \sim 10^{-3}$ 范围内的动模量和阻尼比时,可进行共振柱试验;

3 为边坡或地基动力稳定性分析需测定土的动强度时,可进行动三轴试验;

4 用应力法判别土层液化可能性需测定砂土、砂质粉土抗震液化强度时,可采用动三轴、动单剪或动扭剪试验;

5 用刚度法判别土层液化可能性需要测定砂土、砂质粉土发生孔压增长的门槛剪应变时,可采用共振柱试验。

13.5.2 土动力性质试验可根据土的不同性质和试验方法提供下列成果:

1 土的基本动力参数:动弹性模量、动剪切模量、泊松比、动阻尼、波速、动强度、液化孔压、震陷量等；

2 提供动模量与动应变关系曲线、阻尼比与动应变关系曲线；

3 提供不同固结压力下的动剪应力与振次关系曲线；

4 提供不同固结压力下的液化应力与振次关系曲线。

13.6 岩石试验

13.6.1 岩石试样采取应具有代表性，试验应满足下列要求：

1 圆柱体试样对于硬质岩石，直径应为 50 mm～70 mm，软质岩石为 70 mm～100 mm；立方体试样对于硬质岩石，边长应满足加工成 50 mm～70 mm 的要求，软质岩石应满足加工成 70 mm～100 mm。

2 物理试验需有符合上述尺寸的试样，每组 3～6 块。

3 抗压试验一般应满足高径比不小于 2∶1 的要求，无法取到 2∶1 要求岩样时，也可按 1∶1 取样，但应在试验报告中注明，每组 3～6 块。

4 抗剪试验试样直径或边长为 5 cm，高径比 1∶1，直剪试验每组不少于 5 块，抗剪断试验每组不少于 9 块；岩石结构面直剪或混凝土与岩石胶结面直剪试验样品为边长 20 mm～30 mm 立方体，应采用专门方法采取或制备，每组不少于 5 块。

5 变形试验一般应满足高径比不小于 3∶1 的要求，无法取到 3∶1 要求岩样时，也可按 2∶1 取样，每组 3～6 块。

6 点荷载试验试样可用钻孔岩芯，或从岩石露头、勘探槽坑和平洞中采取岩块，试件长径比不小于 1∶1，加荷两点间距宜为 30 mm～50 mm，岩芯试件数量每组应为 5～10 个，不规则试件数量每组应为 15～20 个。

7 岩石声波测试的试件长度一般不小于 100 mm，可用变形试验或抗压试验的试件，在力学试验前测试。

13.6.2 岩石名称应根据选择代表性岩石样品的岩矿鉴定结果定名。

14 岩土工程分析评价及成果报告

14.1 一般规定

14.1.1 勘察报告应在搜集已有资料、工程地质调查与测绘、勘探、测试和室内试验的基础上编写,提供工程场地和沿线邻近地带的工程地质和水文地质资料,结合勘察阶段、工程特点、施工方法和要求进行岩土工程分析与评价。

14.1.2 岩土工程分析评价应在定性分析的基础上进行定量分析,并充分考虑当地经验和类似工程的经验,论据充分、针对性强,所提建议应技术可行、经济合理。

14.1.3 可行性研究阶段岩土工程勘察报告宜按照线路编制,初步勘察阶段岩土工程勘察报告宜按照线路编制或按照地质单元、线路敷设形式编制,详细勘察阶段岩土工程勘察报告宜按照车站、区间、车辆段、综合基地等工点分别编制。

14.1.4 勘探点平面图宜取合适的比例尺,图上应包含地形、线位、站位、里程、结构轮廓线等。勘探点宜投影到线路上做断面图,工程地质断面图应包含勘探孔里程、线路及车站断面等。图例宜符合本规范附录 E 的规定。

14.1.5 对地质条件复杂的地段、有代表性的地段及工程上需要的地段宜提出监测建议。

14.2 岩土参数的统计和选定

14.2.1 岩土参数统计应符合下列规定:

    1 按不同工程地质单元分层统计;

    2 子样的取舍宜考虑数据的离散程度和已有经验,当统计指标离散性较大时,应分析误差原因并说明数据的取舍标准;

3 按工程性质及各类参数在设计中的作用,应分别给定范围值、平均值、样本数、变异系数及标准值。

14.2.2 岩土工程计算分析应符合下列规定:

1 按承载能力极限状态计算可用于评价地基承载力和边坡、挡墙、地基稳定性等问题,可根据有关设计规范规定用分项系数或总安全系数方法计算,有经验时也可用隐含安全系数的抗力容许值进行计算;

2 按正常使用极限状态计算可用于评价岩土体的变形、动力反应、透水性和涌水量等。

14.2.3 岩土指标的选用应符合下列要求:

1 天然密度、天然含水率、液限、塑限、塑性指数、液性指数、饱和度、相对密度、吸水率等宜选用平均值;

2 正常使用极限状态计算需要的岩土参数指标宜选用平均值,承载能力极限状态计算需要的岩土参数宜选用指标的标准值;

3 原位测试等应提供分层统计值,并绘制随深度的变化曲线。

14.3 地基承载力确定

14.3.1 地基承载力的确定应符合下列规定:

1 确定地基承载力时,应考虑岩土的物理力学性质、岩土的堆积年代等因素;

2 地基承载力特征值的确定应根据工程性质、设计要求、地基土的特性,采用可靠的多种岩土性质测试指标综合确定,对于不同方法确定的地基承载力特征值有较大的差异时,应综合分析确定;

3 地基的基本承载力 σ_0 可采用载荷试验或原位测试方法等综合确定,或按行业标准《铁路桥涵地基和基础设计规范》(TB 10002.5)确定。

14.3.2 地基承载力特征值可由载荷试验、公式计算或其他原位测试,并结合工程实践经验等方法综合确定。

1 当偏心距 e 小于或等于 0.033 倍基础底面宽度时,可根

据地基土的抗剪强度指标按下列公式计算,并应满足变形要求:

$$f_a = M_b \gamma b + M_d \gamma_m d + M_c c_k \qquad (14.3.2\text{-}1)$$

式中:f_a——由土的抗剪强度指标确定的地基承载力特征值;

M_b、M_d、M_c——承载力系数,按《建筑地基基础设计规范》(GB50007)确定;

b——基础底面宽度,大于 6 m 时按 6 m 考虑,对于砂土,小于 3 m 时按 3 m 考虑;

d——基础埋置深度;

γ_m——基础底面以上土的加权平均重度,地下水水位以下取浮重度;

c_k——基底下一倍基础短边宽深度内土的黏聚力标准值,应根据土的排水条件及其性质选用相应的试验指标。

2 当基础宽度大于 3 m 或埋置深度大于 0.5 m 时,由载荷试验或其他原位测试、经验值等方法确定的地基承载力特征值,尚应按下式进行修正:

$$f_a = f_{ak} + \eta_b \gamma (b-3) + \eta_d \gamma_m (d-0.5) \qquad (14.3.2\text{-}2)$$

式中:f_a——修正后的地基承载力特征值;

f_{ak}——地基承载力特征值;

η_b、η_d——基础宽度和埋深的地基承载力修正系数,按《建筑地基基础设计规范》(GB 50007)确定;

γ——基础底面以下土的重度,地下水位以下取浮重度;

b——基础底面宽度,当基础宽度小于 3 m 时按 3 m 取值,大于 6 m 时按 6 m 取值;

γ_m——基础底面以上土的加权平均重度,地下水位以下取浮重度;

d——基础埋置深度。

3 岩石地基承载力特征值宜按岩石地基载荷试验方法确定,也可根据室内饱和单轴抗压强度按下式进行计算:

$$f_a = \psi_r f_{rk} \qquad (14.3.2\text{-}3)$$

式中:f_a——岩石地基承载力特征值;

f_{rk}——岩石饱和单轴抗压强度标准值；

ψ_r——折减系数，根据岩体完整程度以及结构面的间距、宽度、产状和组合，由经验确定，无经验时，对完整岩体可取 0.5，对较完整岩体可取 0.2～0.5，对较破碎岩体可取 0.1～0.2。

注：1. 上述折减系数值未考虑施工因素及建筑物使用后风化作用的继续；2. 对于黏土质岩，在确保施工期及使用期不致遭水浸泡时，也可采用天然湿度的试样，不进行饱和处理。

14.4 桩基承载力估算

14.4.1 桩基的单桩竖向承载力应根据桩型、场地地质条件和试桩资料综合确定，对地质条件复杂，缺乏同类型试桩资料和一级建筑的桩基工程时，应通过现场的静载荷试验确定。

14.4.2 单桩竖向极限承载力标准值可根据下式估算：

$$Q_{uk} = Q_{sk} + Q_{pk} = u \sum \psi_{si} q_{sik} l_i + \psi_p q_{pk} A_p \qquad (14.4.2)$$

式中：u——桩身周长；

A_p——桩身截面面积；

l_i——桩身穿过第 i 层岩土的厚度；

q_{sik}——第 i 层土极限侧阻力标准值（对应桩径≤800 mm），对于扩底桩变截面以上 $2d$ 长度范围不计侧阻力；

q_{pk}——极限端阻力标准值（对应桩径≤800 mm），宁波市区桩基极限侧阻力标准值和极限端阻力标准值见附录 F；

ψ_{si}、ψ_p——大直径桩侧阻、端阻尺寸效应系数，按表 14.4.2 取值。

表 14.4.2 大直径灌注桩侧阻尺寸效应系数 ψ_{si}、端阻尺寸效应系数 ψ_p

岩土类型	黏性土、粉土	砂土、碎石类土
ψ_{si}	$(0.8/d)^{1/5}$	$(0.8/d)^{1/3}$
ψ_p	$(0.8/D)^{1/4}$	$(0.8/D)^{1/3}$

14.4.3 桩端置于完整、较完整基岩的嵌岩桩单桩竖向极限承载力由桩周土总极限侧阻力和嵌岩段总极限阻力组成。当根据岩石

单轴抗压强度确定单桩竖向极限承载力标准值时,可按下列公式
计算:

$$Q_{uk} = Q_{sk} + Q_{rk} = u\sum q_{sik}l_i + \zeta_r f_{rk} A_p \qquad (14.4.3)$$

式中:u——桩身周长;

q_{sik}——桩侧表面第 i 层土的极限侧摩阻力标准值;

A_p——桩身截面面积;

l_i——桩身穿过第 i 层岩土的厚度;

f_{rk}——岩石饱和单轴抗压强度标准值,黏土岩取天然湿度
单轴抗压强度标准值;

ζ_r——嵌岩段侧阻和端阻综合系数,与嵌岩深径比 h_r/d、岩
石软硬程度和成桩工艺有关,可按表 14.4.3 采用;表中数值适用
于泥浆护壁成桩,对于干作业成桩(清底干净)和泥浆护壁成桩后
注浆,ζ_r 应取表列数值的 1.2 倍。

表 14.4.3 嵌岩段侧阻和端阻综合系数 ζ_r

嵌岩深径比 h_r/d	0	0.5	1.0	2.0	3.0	4.0	5.0	6.0
极软岩、软岩	0.60	0.80	0.95	1.18	1.35	1.48	1.57	1.63
较硬岩、坚硬岩	0.45	0.65	0.81	0.90	1.00	1.04		

注:1. 极软岩、软岩指 $f_{rk} \leqslant 15$ MPa,较硬岩、坚硬岩指 $f_{rk} > 30$ MPa,介于二者之
间可内插取值。2. h_r 为桩身嵌岩深度,当岩面倾斜时,以坡下方嵌岩深度为准;当 h_r/d
为非表列值时,ζ_r 可内差取值。

14.4.4 单桩抗拔极限承载力应通过单桩抗拔静载荷试验确定。
如无条件时,可按下式估算:

1 群桩呈非整体破坏时,基桩的抗拔极限承载力标准值可
按下式计算:

$$T_{uk} = \sum \lambda_i q_{sik} u_i l_i \qquad (14.4.4\text{-}1)$$

式中:T_{uk}——单桩抗拔极限承载力标准值;

l_i——桩身穿过第 i 层岩土的厚度;

q_{sik}——桩侧表面第 i 层土的抗压极限侧摩阻力标准值;

u_i——桩身周长；

λ_i——抗拔系数，可按下表 14.4.4 取值。

表 14.4.4　抗拔系数 λ

土类	λ 值
砂土	0.50～0.70
黏性土、粉土	0.70～0.80

注：桩长 l 与桩径 d 之比小于 20 时，λ 取小值。

2　群桩呈整体破坏时，基桩的抗拔极限承载力标准值可按下式计算：

$$T_{gk} = \frac{1}{n} u_1 \sum \lambda_i q_{sik} l_i \qquad (14.4.4-2)$$

式中：u_1——桩群外围周长；

n——桩数。

14.5　成果分析与评价

14.5.1　勘察报告中的岩土工程分析与评价应包括下列内容：

1　工程场地的稳定性、适宜性评价；

2　地下工程的围岩分级、稳定和变形分析，对施工方案和支护方式的建议；

3　高架工程、路基及各类建筑工程的地基承载力及变形分析，对地基基础设计方案的建议；

4　评价不良地质作用及特殊性岩土对工程的影响，提出治理方案的建议；

5　应划分场地土类型和场地类别，评价场地和地基地震效应；

6　工程建设与工程周边环境相互影响的预测及防治对策的建议；

7　地下水对工程的静水压力、浮托作用等影响；

8　评价水、土对建筑材料的腐蚀性及建议。

14.5.2 明挖法施工分析与评价应包括下列内容：

1 提供基坑稳定性验算参数，评价基坑突涌的可能性，提出基坑支护方案的建议；

2 分析软弱结构面空间分布、特性及其对边坡、坑壁稳定的影响；

3 根据岩土层的渗透性及水位变化，评价排水、降水、截水等措施的可行性；

4 建议支护型式以及中柱桩的桩基持力层，提供桩基设计参数，估算单桩承载力，分析沉（成）桩可行性；

5 分析基坑开挖过程中可能出现的岩土工程问题，以及对附近地面、邻近建构筑物和管线的影响，提出防治措施建议。

14.5.3 矿山法施工分析与评价应包括下列内容：

1 根据岩土及地下水的特性，进行围岩分级，评价隧道出入口边坡岩体稳定性，建议边坡形式和坡度，提出隧道开挖方式、衬砌形式、超前支护方式等建议；

2 在围岩分级的基础上，指出围岩破坏的可能形式和影响围岩稳定的薄弱部位；

3 分析不良地质作用和特殊性岩土的情况，指出可能出现坍塌、冒顶、边墙失稳、涌水或突水等问题的地段，提出治理的建议；

4 根据隧道断面、埋深、岩土特性、施工方法等，分析隧道开挖对地质环境的影响，并提出保护措施的建议；

5 针对冷冻法施工，提供必要的岩土参数，提出合理化建议。

14.5.4 盾构法施工分析与评价应包括下列内容：

1 分析岩土层的特征，指出盾构选型应注意的地质问题；

2 分析评价不良地质、特殊性岩土、地下障碍物以及河流、湖泊等地表水体对盾构施工的影响，提出防治措施的建议；

3 分析盾构施工可能造成的沉降和土体位移等地面变形特征，评价地面变形对工程周边环境的影响，提出防治措施的建议。

14.5.5 高架工程分析与评价应包括下列内容：

1 根据岩土层的特征,建议桩型及桩基持力层；

2 提供桩基承载力及变形计算所需的岩土参数,估算单桩承载力,评价沉(成)桩可行性及桩基施工对周边环境的影响；

3 对深厚大面积填土区和地面沉降严重地区,应分析桩基负摩阻力的可能性；

4 针对影响桩基的不良地质作用和特殊性岩土,提出防治措施建议。

14.5.6 地面建构筑物的岩土工程分析与评价,应符合现行国家标准《岩土工程勘察规范》(GB 50021)的有关规定。

14.5.7 工程建设和周边环境相互影响的分析与评价可包括下列内容：

1 基坑开挖、隧道掘进和桩基施工等可能引起的地面沉降、隆起和土体的水平位移,对邻近建构筑物及地下管线的影响；

2 施工降水导致地下水位变化、地面固结沉降等情况,提出防治措施建议；

3 评价工程建成后或运营过程中,可能对周围岩土体、工程周边环境的影响,提出防治措施建议；

4 周边建筑物、地下设施、既有城市道路、架空线路、地表水体等对轨道交通选线、施工工法、施工工艺和施工参数等影响的分析与评价。

14.6 勘察报告的内容组成

14.6.1 勘察报告应包括文字部分、附表、附图和附件。

14.6.2 文字部分宜包括下列内容：

1 拟建工程概况、勘察任务、勘察范围、勘察要求与目的、勘察方法与执行标准、完成工作量等；

2 场地的水文、气象、地形、地貌及区域地质概况；

3 场地条件和工程周边环境等情况；

4 岩土层岩性特征、埋藏分布规律、岩土物理力学性质、岩土施工工程分级、隧道围岩分级等；

  5 地下水类型、赋存条件、补给、径流、排泄条件、地下水位、历史最高最低水位与变化以及对建筑材料的腐蚀性；

  6 不良地质作用和特殊性岩土及其对工程危害程度评价；

  7 场地土类型、场地类别、抗震设防烈度、场地与地基的地震效应；

  8 场地稳定性和适宜性评价；

  9 场地周边环境条件与工程相互影响的评价，环境保护的工程措施建议；

  10 针对不同的基础形式、施工方法进行岩土工程评价，提出所需的岩土参数，必要时提出设计、施工建议；

  11 对施工过程中可能出现的岩土问题进行预测，提出预防、监测措施建议；

  12 其他需说明的问题。

14.6.3 附表宜包括下列内容：

  1 勘探点主要数据一览表、勘探作业异常孔一览表；

  2 各岩土层物理力学性质指标综合统计表；

  3 原位测试成果统计表；

  4 土工试验成果表；

  5 岩石试验成果表；

  6 水质分析成果表。

14.6.4 附图宜包括下列内容：

  1 勘探点平面布置图；

  2 工程地质纵、横断（剖）面图；

  3 钻孔综合柱状图；

  4 原位测试成果图；

  5 单孔水文地质试验综合成果图；

  6 岩土试验成果图；

  7 必要时提供区域地质构造图、水文地质图、综合工程地质图、重要地层等值线图及其他相关图件。

14.6.5 附件宜包括下列内容：

1 勘察任务书；

2 相关专题报告；

3 岩芯照片。

15 勘察风险管理

15.1 一般规定

15.1.1 勘察风险管理应按《城市轨道交通地下工程建设风险管理规范》(GB 50652)执行,主要流程包括:风险界定、风险辨识、风险估计、风险评价和风险控制。

15.1.2 勘察风险管理的目标是针对勘察过程中的各类风险,制定控制措施,提供可靠的勘察资料,将轨道工程勘察方面的风险降低到可接受水平。

15.1.3 勘察风险管理应由建设单位组织实施,并应明确约定工程参与各方的风险管理责任。

15.2 勘察风险的界定和辨识

15.2.1 勘察实施过程中风险类型有技术标准风险、野外施工安全风险、质量风险、随机性风险。对可能出现的风险源进行识别和分级,并分析原因,采取相应的风险控制预防措施。

15.2.2 勘察风险辨识过程可分为风险定义、确定参与者、收集相关资料、风险识别、风险筛选、编制风险辨识报告等 6 个步骤。

15.2.3 勘察风险分析可采用定性分析、定量分析和综合分析 3 类方法。

15.2.4 野外施工安全风险应根据项目特点、场地施工及地质条件、勘察手段等对施工过程中危险源进行识别和分级,宜包括下列内容:

    1 机械、设备和人员自身的安全风险;

    2 由于施工不当,导致钻探过程中对地下设施、地下管线和周边环境的破坏引发的各类安全风险;

3 由于钻孔封堵措施不当、遗留钻具造成的风险。

15.2.5 质量风险宜包括下列内容：

1 引用规范不当或未执行规范强制性条文引发的。

2 勘察资料缺陷引发的，包括但不限于下列：

1） 勘探、取样、原位和室内试验成果错误的；

2） 现场调查、编录和测量成果不当或错误的；

3） 勘察方案不合理，工作量不足的；

4） 软土、填土、污染土和泥炭质土性质没有查明的；

5） 地下水条件或水对建筑材料腐蚀性没有查明的；

6） 滑坡、崩塌、区域地面沉降和浅层气体条件没有查明的；

7） 地下管线、地下设施和地下障碍物没有查明的；

8） 暗浜、暗塘等调查不清的；

9） 对影响基坑或隧道施工的地质环境条件没有查明的；

10） 勘察报告提供的岩土设计参数错误，评价和建议不当的；

11） 提供的勘察资料不全的。

3 因场地条件或现有技术手段的限制，难以查明工程地质和水文地质条件引发的。

15.3 风险控制要点

15.3.1 勘察风险管理控制处理措施包括：风险消除、风险降低、风险转移及风险自留。

15.3.2 勘察风险管理中，野外施工安全风险控制措施包括组织制度措施、教育培训措施、技术保障措施、经费保障和工程保险等措施。

15.3.3 施工现场安全风险技术保障措施宜包括下列内容：

1 钻孔开孔、终孔程序；

2 交通安全、文明施工措施；

3 地下管线和地下设施安全保证措施；

4 水上作业安全措施；

5　夜间作业安全措施；

6　其他作业安全措施。

15.3.4　勘察风险管理中,宜采用的质量风险控制措施包括：

1　实行勘察大纲、勘察报告评审和勘察外业监理制度；

2　检查试验方法与数据,抽查钻孔芯样；

3　地质条件变化较大时及时调整钻孔间距,增加钻孔数量,线路调整后应及时补充地质钻孔；

4　采取多种勘察手段,将地质钻探与物探相结合或对照参考；

5　充分利用勘察技术人员的工程实践经验；

6　充分利用邻近已建建构筑物的勘察成果和经验。

15.3.5　根据风险评估及分级结果,采取相应的风险预案。对于重大风险应有专项风险应对措施,将风险降低到可接受水平。

16 现场检验与监测

16.1 一般规定

16.1.1 轨道交通施工和运营中应进行现场检验、监测工作,并对检验与监测过程中发现的工程问题提出处理建议。

16.1.2 现场检验与监测方法可根据工程性质、岩土条件及周边环境复杂程度采用现场观察、试验、仪器量测等手段。

16.1.3 现场检验与监测的资料应及时向有关方面提供。当监测中出现险情时,应加密监测频率,并及时报告。

16.2 现场检验

16.2.1 施工开挖过程中,应检验开挖揭露的地基、围岩的地质条件与勘察报告是否一致,遇到异常情况时,应提出处理措施或修改设计的建议,当与勘察报告出入较大时建议进行施工勘察。

16.2.2 地基检验应包括下列内容:

 1 岩土分布、均匀性和特征;

 2 地下水情况;

 3 检查是否有暗浜、古井、古墓、洞穴、防空掩体及地下埋设物,并查清其分布及性状;

 4 检查地基是否受到施工的扰动,扰动的范围和深度;

 5 对土质地基,必要时可采用轻型动力触探进行检验。

16.2.3 隧道围岩检验应包括下列内容:

 1 开挖揭露的围岩性质、分布和特征;

 2 地下水渗漏情况;

 3 工作面岩土体的稳定状态;

 4 围岩超挖或坍塌情况;

5 根据开挖揭露的岩土情况,对围岩分级进行确认或修正。

16.2.4 桩基工程的检验和检测应包括下列内容:

1 应通过试成孔或试沉桩,检验岩土条件是否与勘察报告一致;

2 工程桩应按要求对桩身质量检测及对其承载力进行抽样检测,单桩竖向承载力应采用静载荷试验,桩身完整性宜采用钻孔抽芯法、声波透射法或动测法等多种检测方法进行;

3 对于抗拔桩或水平承载桩,应对单桩竖向抗拔、水平承载力进行抽样检测;

4 对大直径挖孔桩,应逐桩检验孔底尺寸和岩土情况。

16.3 现场监测

16.3.1 现场监测是在施工及运营过程中对引起岩土性状、周围环境、相邻建筑物和地下设施发生变化而进行的各种观察工作。施工监测主要包括土压力、围岩压力、孔隙水压力、地下水位、土体位移、土体回弹量、周边环境沉降的监测等。

16.3.2 明挖法施工监测应符合下列规定:

1 根据基坑工程的安全等级和具体特点选择下列监测内容:

1） 地下水位;

2） 基坑周围地表的水平位移、垂直位移和开裂;

3） 基坑附近的建构筑物、管线、地下设施的变形;

4） 支护系统、墙体和桩基等的应力和应变;

5） 基坑周围岩土压力、基底回弹变形。

2 基坑、支护结构、周边环境监测点的布置、监测方法、精度、频率、报警值的设定应满足国家标准《城市轨道交通工程测量规范》(GB 50308)的相关要求。

16.3.3 矿山法施工隧道监测应符合下列规定:

1 按设计要求及施工进度进行布点和监测,并根据现场情况及时调整。

2 监测项目可分为必测项目和选测项目。必测项目有洞内外观察、净空变化、拱顶下沉和地表下沉;选测项目应根据工程规模、地质条件、开挖方法及其他特殊要求进行,包括隧底隆起、围岩内部位移、围岩压力、二次衬砌接触压力和围岩弹性波速度等。

16.3.4 盾构法施工隧道监测应符合下列规定:

1 监测范围包括盾构隧道和周边环境,并结合环境要求、地质条件、掘进速度等因素确定监测项目;

2 必测项目为线路地表变形、沿线建构筑物和管线变形、隧道变形,选测项目为土体位移、管片内力、地层与管片的接触应力、孔隙水压力,穿越江河和建构筑物或有特殊要求等地段应根据设计要求确定;

3 线路纵向地表变形观测点应沿隧道中线按一定间距布设,离出发井 50 m 范围内取 3~5 环,50 m 以外可取 8~10 环;横向地表变形观测断面设置一般以 50 m 为间距,测点间距 2 m~5 m;

4 地下管线变形测量宜直接在管线上设置观测点,对于不便开挖的管线可在周围土体中埋设沉降仪、位移计或其他方法间接测量;

5 盾构穿越地面建筑物、地铁隧道、铁路、桥梁等重要构筑物时,除应对被穿越体进行观测外,还应增加对其周围土体的变形观测。

16.3.5 周边环境监测应符合下列规定:

1 监测应包括下列内容:

1) 对地面、地下建构筑物的沉降、隆起、水平位移的量测;

2) 对建构筑物裂缝的量测。

2 量测点的布置:

1) 根据地质条件和隧道埋深,应在隧道中心线上方及其两侧 15 m~25 m 的范围内设置量测点,每 20 m~100 m 设置一个观测断面,每个断面至少应设置 3 个量测点;

2) 建构筑物沉降量测点应根据工程需要设置在建筑物的转角、承台、建筑物沉降缝两侧、新旧建筑物连接处两侧等处,每幢建筑物上至少应有 2 个量测点,间距宜为 8 m~12 m。

16.3.6 地下水动态监测应符合下列规定：

1 遇下列情况应进行地下水动态监测：

1) 地下水位升降影响岩土稳定、对地下室或地下构筑物的防潮、防水或稳定性产生较大影响时；

2) 施工降水对拟建工程或相邻工程有较大影响时；

3) 孔隙水压力、地下水压力变化对工程设计或施工有较大影响时。

2 监测方法应符合下列规定：

1) 地下水位的监测可设置专门的地下水位观测孔或利用水井进行；

2) 孔隙水压力、地下水压力的监测可采用孔隙水压力计、测压计进行。

3 量测点的布置和监测频率：

1) 每个施工场地的观测点不宜少于 3 个，深度不应小于最大可能降深以下 1 m；

2) 区间隧道的观测点应根据工程的需要及地质条件布置；

3) 动态监测不应少于 1 个水文年，并宜每周监测 2 次，雨天宜每天监测 1 次。

附录 A 岩土分类

A. 0. 1 岩石坚硬程度等级应按表 A. 0. 1 划分。

表 A. 0. 1 岩石坚硬程度分类

坚硬程度	坚硬岩	较硬岩	较软岩	软岩	极软岩
饱和单轴抗压强度(MPa)	$f_r > 60$	$60 \geqslant f_r > 30$	$30 \geqslant f_r > 15$	$15 \geqslant f_r > 5$	$f_r \leqslant 5$

注:1. 当无法取得饱和单轴抗压强度数据时,可用点荷载试验强度换算,换算方法按现行国家标准《工程岩体分级标准》(GB 50218)执行;2. 当岩体完整程度为极破碎时,可不进行坚硬程度分类。

A. 0. 2 岩体基本质量等级应按表 A. 0. 2 划分。

表 A. 0. 2 岩体基本质量等级分类

完整程度 坚硬程度	完整	较完整	较破碎	破碎	极破碎
坚硬岩	Ⅰ	Ⅱ	Ⅲ	Ⅳ	Ⅴ
较硬岩	Ⅱ	Ⅲ	Ⅳ	Ⅳ	Ⅴ
较软岩	Ⅲ	Ⅳ	Ⅳ	Ⅴ	Ⅴ
软岩	Ⅳ	Ⅳ	Ⅴ	Ⅴ	Ⅴ
极软岩	Ⅴ	Ⅴ	Ⅴ	Ⅴ	Ⅴ

A. 0. 3 岩石质量指标(RQD)应按表 A. 0. 3 划分。

表 A. 0. 3 岩石质量指标(RQD)分类

岩石质量分类	好的	较好的	较差的	差的	极差的
岩石质量指标(RQD)	>90	75~90	50~75	25~50	<25

A. 0. 4 岩层厚度应按表 A. 0. 4 划分。

表 A. 0. 4　岩层厚度分类

厚度分类	单层厚度 h(m)	厚度分类	单层厚度 h(m)
巨厚层	$h > 1.0$	中厚层	$0.5 \geqslant h > 0.1$
厚层	$1.0 \geqslant h > 0.5$	薄层	$h \leqslant 0.1$

A. 0. 5 碎石土应按表 A. 0. 5 划分。

表 A. 0. 5　碎石土分类

土的名称	颗粒形状	颗粒级配
漂石	圆形及亚圆形为主	粒径大于 200 mm 的颗粒质量超过总质量 50%
块石	棱角形为主	
卵石	圆形及亚圆形为主	粒径大于 20 mm 的颗粒质量超过总质量 50%
碎石	棱角形为主	
圆砾	圆形及亚圆形为主	粒径大于 2 mm 的颗粒质量超过总质量 50%
角砾	棱角形为主	

注:定名时应根据颗粒级配由大到小以最先符合者确定。

A. 0. 6 砂土应按表 A. 0. 6 划分。

表 A. 0. 6　砂土分类

土的名称	颗 粒 级 配
砾砂	粒径大于 2 mm 的颗粒质量占总质量 25%～50%
粗砂	粒径大于 0.5 mm 的颗粒质量超过总质量 50%
中砂	粒径大于 0.25 mm 的颗粒质量超过总质量 50%
细砂	粒径大于 0.075 mm 的颗粒质量超过总质量 85%
粉砂	粒径大于 0.075 mm 的颗粒质量超过总质量 50%

注:定名时应根据颗粒级配由大到小以最先符合者确定。

A. 0. 7 粉土应按表 A. 0. 7 划分。

表 A. 0. 7 粉土分类

土的名称	颗 粒 级 配	塑性指数 I_p
黏质粉土	粒径小于 0.005 mm 的颗粒质量超过总质量 10%，小于等于总质量的 15%	$I_p \leqslant 10$
砂质粉土	粒径小于 0.005 mm 的颗粒质量不超过总质量 10%	—

注：以颗粒级配为主，塑性指数作参考。

A. 0. 8 黏性土应按表 A. 0. 8 划分。

表 A. 0. 8 黏性土分类

土的名称	塑性指数 I_p
黏　土	$I_p > 17$
粉质黏土	$10 < I_p \leqslant 17$

注：塑性指数应由相应于 76 g 圆锥仪沉入土中深度为 10 mm 时，测定的液限计算而得。

A. 0. 9 粉土或黏性土的目力鉴定应按表 A. 0. 9 确定。

表 A. 0. 9 粉土或黏性土的目力鉴定

测试内容＼土的名称	粉土	粉质黏土	黏土
摇震反应	迅速	缓慢	无
光泽反应	土面粗糙	土面光滑	土面有油脂光泽
干强度	低	中等	高
韧性	低	中等	高

A.0.10 碎石土密实度应按表 A.0.10 确定。

表 A.0.10　碎石土密实度

密实度	重型动力触探锤击数 $N_{63.5}$(击/10 cm)
稍密	$N_{63.5} \leqslant 15$
中密	$15 < N_{63.5} \leqslant 30$
密实	$N_{63.5} > 30$

注:1. 本表适用于平均粒径等于或小于 50 mm,且最大粒径小于 100 mm 的碎石土。对于平均粒径大于 50 mm,或最大粒径大于 100 mm 的碎石土,可用超重型动力触探或野外观察鉴别。2. 动力触探锤击数是实测击数。

A.0.11 砂土密实度应按表 A.0.11 确定。

表 A.0.11　砂土密实度分类

密实度	松散	稍密	中密	密实
N	$N \leqslant 10$	$10 < N \leqslant 15$	$15 < N \leqslant 30$	$N > 30$
q_c(MPa)	$q_c \leqslant 3.0$	$3.0 < q_c \leqslant 6.0$	$6.0 < q_c \leqslant 12.0$	$q_c > 12.0$

A.0.12 粉土密实度(按 e 分类)应按表 A.0.12 确定。

表 A.0.12　粉土密实度分类(按 e 分类)

密实度	孔隙比 e
稍密	$e > 0.90$
中密	$0.75 \leqslant e \leqslant 0.90$
密实	$e < 0.75$

A.0.13 粉土密实度(按 N、g_c 分类)应按表 A.0.13 确定。

表 A.0.13　粉土密实度分类(按 N、g_c 分类)

密实度		松散	稍密	中密	密实
粉土	N	$N \leqslant 7$	$7 < N \leqslant 13$	$13 < N \leqslant 25$	$N > 25$
	q_c(MPa)	$q_c \leqslant 2.0$	$2.0 < q_c \leqslant 4.0$	$4.0 < q_c \leqslant 6.0$	$q_c > 6.0$

注:当有经验时,也可用其他原位测试方法确定粉土的密实度。

A. 0. 14 粉土湿度应按表 A. 0. 14 确定。

表 A. 0. 14　粉土湿度分类

含水率 w (%)	湿度
$w<20$	稍湿
$20 \leqslant w \leqslant 30$	湿
$w>30$	很湿

A. 0. 15 黏性土状态应按表 A. 0. 15 划分。

表 A. 0. 15　黏性土状态分类

状　态		液性指数 I_L
坚硬		$I_L \leqslant 0$
硬塑		$0<I_L \leqslant 0.25$
可塑	硬可塑	$0.25<I_L \leqslant 0.50$
	软可塑	$0.50<I_L \leqslant 0.75$
软塑		$0.75<I_L \leqslant 1.00$
流塑		$I_L>1.00$

A. 0. 16 隧道围岩应按表 A. 0. 16 分级。

表 A. 0. 16　隧道围岩分级

围岩级别	围岩主要工程地质条件		围岩开挖后的稳定状态	围岩弹性纵波波速 v_p (km/s)
	主要工程地质特征	结构形态和完整状态		
I	坚硬岩:受地质构造影响轻微,节理不发育,无软弱面(或夹层);层状岩层为巨厚层或厚层,层间结合良好,岩体完整	呈巨块状整体结构	围岩稳定,无坍塌	>4.5

围岩级别	围岩主要工程地质条件		围岩开挖后的稳定状态	围岩弹性纵波波速 v_p（km/s）
	主要工程地质特征	结构形态和完整状态		
II	坚硬岩：受地质构造影响较重，节理较发育，有少量软弱面（或夹层）和贯通微张节理，但其产状及组合关系不致产生滑动；层状岩层为中层或厚层，层间结合一般，很少有分离现象；或为硬质岩偶夹软质岩石；岩体较完整	呈大块状砌体结构	暴露时间长，可能会出现局部小坍塌，侧壁稳定，层间结合差的平缓岩层顶板易塌落	3.5～4.5
	较硬岩：受地质构造影响轻微，节理不发育；层状岩层为厚层，层间结合良好，岩体完整	呈巨块状整体结构		
III	坚硬岩和较硬岩：受地质构造影响较重，节理较发育，有层状软弱面（或夹层），但其产状组合关系尚不致产生滑动；层状岩层为薄层或中层，层间结合差，多有分离现象；或为硬、软质岩石互层	呈块（石）碎（石）状镶嵌结构	拱部无支护时可能产生局部小坍塌，侧壁基本稳定，爆破震动过大易塌落	2.5～4.0
	较软岩和软岩：受地质构造影响严重，节理较发育；层状岩层为薄层、中厚层或厚层，层间结合一般	呈大块状结构	拱部无支护时可能产生局部小坍塌，侧壁基本稳定，爆破震动过大易塌落	2.5～4.0

围岩级别	围岩主要工程地质条件		围岩开挖后的稳定状态	围岩弹性纵波波速 v_p（km/s）
	主要工程地质特征	结构形态和完整状态		
IV	坚硬岩和较硬岩：受地质构造影响极严重，节理较发育；层状软弱面（或夹层）已基本破坏	呈碎石状压碎结构	拱部无支护时可产生较大坍塌，侧壁有时失去稳定	1.5～3.0
	较软岩和软岩：受地质构造影响严重，节理较发育	呈块石、碎石状镶嵌结构		
	土体：1. 具压密或成岩作用的黏性土、粉土及碎石土；2. 一般钙质或铁质胶结的碎石土、卵石土、粗角砾土、粗圆砾土、大块石土	1 和 2 呈大块状压密结构，3 呈巨块状整体结构		
V	岩体：受地质构造影响严重，裂隙杂乱，呈石夹土或土夹石状	呈角砾碎石状松散结构	围岩易坍塌，处理不当会出现大坍塌，侧壁经常小坍塌；浅埋时易出现地表下沉（陷）或塌至地表	1.0～2.0
	土体：一般第四系的坚硬、硬塑的黏性土、稍密及以上、稍湿或潮湿的碎石土、卵石土，圆砾土、角砾土、粉土	非黏性土呈松散结构，黏性土松软状结构		
VI	岩体：受地质构造影响严重，呈碎石、角砾及粉末、泥土状	呈松软状	围岩极易坍塌变形，有水时土砂常与水一齐涌出，浅埋时易塌至地表	<1.0（饱和状态的土 <1.5）
	土体：可塑、软塑、流塑状黏性土、饱和的粉土和砂类等土	黏性土呈易蠕动的松软结构，砂性土呈潮湿松散结构		

注：1. 表中"围岩级别"和"围岩主要工程地质条件"栏，不包括膨胀性围岩等特殊性岩土；2. 软质岩石 II、III 类围岩遇有地下水时，可根据具体情况和施工条件适当降低围岩级别。

A.0.17 岩土施工工程应按表 A.0.17 分级。

表 A.0.17 岩土施工工程分级

等级	分类	岩土名称及特征	钻 1 m 所需时间		双人打眼（工天）	岩石单轴饱和抗压强度（MPa）	开挖方法
			液压凿岩台车、潜孔钻机（净钻分钟）	手持风枪湿式凿岩合金钻头（净钻分钟）			
Ⅰ	松土	砂类土、种植土、未经压实的填土、流塑的软黏土					用铁锹挖，脚蹬一下到底的松散土层，机械能全部直接铲挖，普通装载机可满载
Ⅱ	普通土	坚硬的、硬塑和软塑的粉质黏土，硬塑和软塑的黏土，粉土，稍密、中密的细角砾土、细圆砾土，松散的粗角砾土、碎石土，粗圆砾土、卵石土，压密的填土					部分用镐刨松，再用锹挖，脚蹬连蹬数次才能挖动的。挖掘机、带齿尖口装载机可满载、普通装载机可直接铲挖，但不能满载
Ⅲ	硬土	坚硬的黏性土，稍密、中密的粗角砾土、碎石土，粗圆砾土、碎石土，密实的细圆砾土、细角砾土，各种风化成土状的岩石					必须用镐先全部刨松，才能用锹挖。挖掘机、带齿尖口装载机不能满载、大部分采用松土器松动方能铲挖装载
Ⅳ	软质岩	块石土、漂石土，含块石，漂石 30%～50% 的土及密实的碎石土，粗角砾土、卵石土，粗圆砾土，岩盐，各类较软岩、软岩及成岩作用差的岩石（泥质砾岩，凝灰岩，云母片岩，千枚岩）	<7	<0.2	<30		部分用橇棍及大锤开挖或挖掘机，单购裂土器松动，部分需借助液压冲击镐解碎或部分采用爆破方法开挖

等级	分类	岩土名称及特征	钻 1 m 所需时间		双人打眼（工天）	岩石单轴饱和抗压强度（MPa）	开挖方法
			液压凿岩台车、潜孔钻机（净钻分钟）	手持风枪湿式凿岩合金钻头（净钻分钟）			
V	次坚石	各种硬质岩：硅质页岩、钙质岩、白云岩、石灰岩、泥灰岩、玄武岩、片岩、片麻岩、正长岩、花岗岩	≤10	7～20	0.2～1.0	30～60	能用液压冲击镐解碎，大部分需用爆破法开挖
VI	坚石	各种极硬质岩：硅质砂岩、硅质砾岩、石灰岩、石英岩、大理岩、玄武岩、闪长岩、花岗岩、角岩	>10	>20	>1.0	>60	可用液压冲击镐解碎，需用爆破法开挖

注：流塑的软黏土（软塑黏性土、淤泥质土、淤泥、泥炭质土、泥炭）的施工工程分级，在宁波轨道交通工程中定为Ⅰ级，其工程量计价与Ⅱ级相同。

附录 B 宁波市地貌类型、地质构造和工程地质分层

B.0.1 地貌分区可按图 B.0.1 确定。

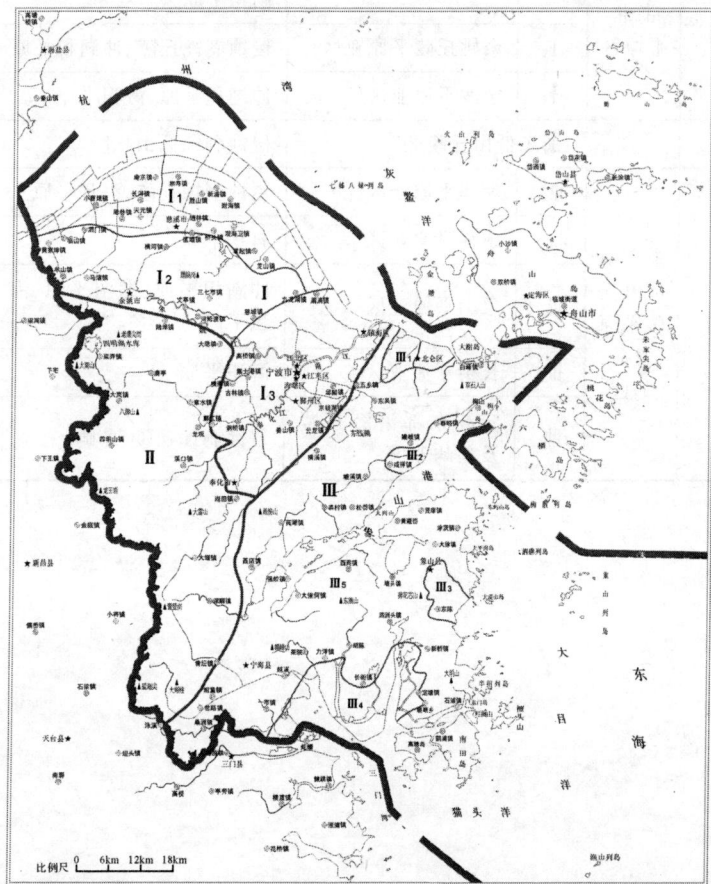

Ⅰ 浙北平原区　　　　Ⅱ 浙东低山丘陵区　　　　Ⅲ 浙东南沿海丘陵平原及岛屿区

Ⅰ₁ 慈北平原亚区　Ⅰ₂ 余姚丘陵平原亚区　Ⅰ₃ 宁波平原亚区　Ⅲ₁ 大碶平原亚区

Ⅲ₂ 咸祥平原亚区　Ⅲ₃ 象山平原亚区　Ⅲ₄ 长街平原亚区　Ⅲ₅ 宁波东部沿海丘陵及岛屿亚区

图 B.0.1　宁波市地貌区划图

B.0.2 地貌类型可按表 B.0.2 确定。

表 B.0.2 宁波市地貌分区及地貌类型表

地貌分区				地貌类型
代号	区	代号	亚区	
I	浙北平原区	I₁	慈北平原亚区	海积平原、冲海积平原、冲湖积平原
		I₂	余姚丘陵平原亚区	侵蚀剥蚀丘陵、冲湖积平原
		I₃	宁波平原亚区	冲湖积平原、海积平原
II	浙东低山丘陵区			侵蚀剥蚀低山丘陵
III	浙东南沿海丘陵平原及岛屿区	III₁	大碶平原亚区	侵蚀剥蚀丘陵、海积平原
		III₂	咸祥平原亚区	海积平原
		III₃	象山平原亚区	冲湖积平原、湖沼平原、海积平原
		III₄	长街平原亚区	海积平原
		III₅	宁波东部沿海丘陵及岛屿亚区	侵蚀剥蚀丘陵、岛屿

B.0.3 区域地质构造可参见图 B.0.3。

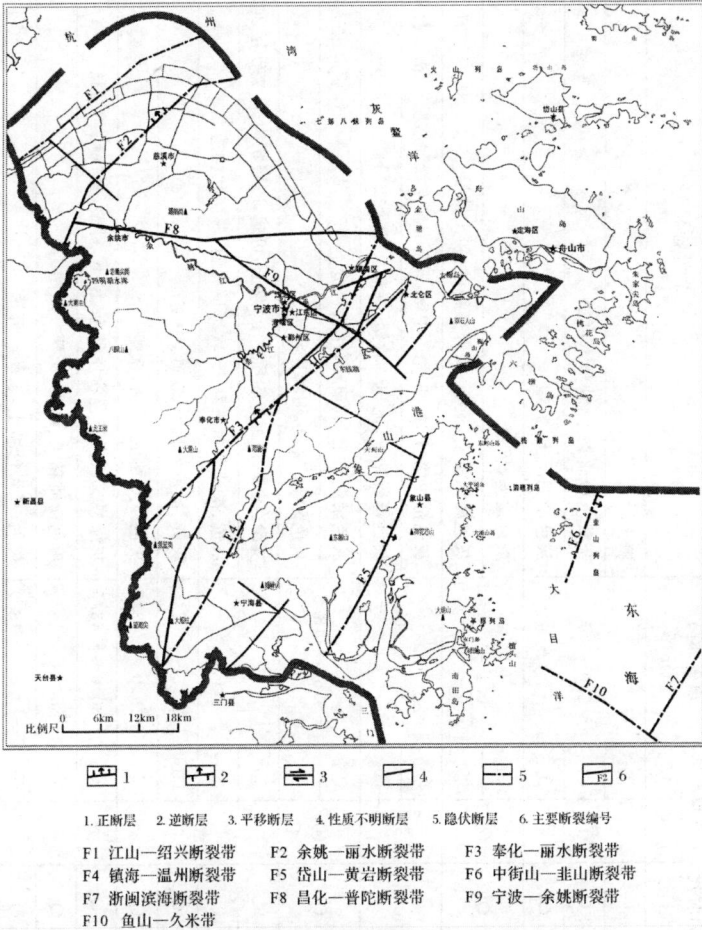

1.正断层 2.逆断层 3.平移断层 4.性质不明断层 5.隐伏断层 6.主要断裂编号

F1 江山—绍兴断裂带　　　F2 余姚—丽水断裂带　　　F3 奉化—丽水断裂带
F4 镇海—温州断裂带　　　F5 岱山—黄岩断裂带　　　F6 中街山—韭山断裂带
F7 浙闽滨海断裂带　　　　F8 昌化—普陀断裂带　　　F9 宁波—余姚断裂带
F10 鱼山—久米带

图 B.0.3　宁波市区域地质构造略图

B.0.4 工程地质分层可按表 B.0.4 的层序编号。

表 B.0.4　宁波市区第四系工程地质层划分简表

地层 系	地层 统	地层 组	成因类型	成因时代代号	工程地质层 层组	工程地质层 层	顶板标高 (m)	岩性特征
第四系	全新统	上组	人工堆积	ml	①	①1		填土
			冲湖积	al-l Q_4^3		①2	2.0~3.5	灰黄色粉质黏土,软塑~可塑
			海积	m Q_4^3		①3		灰色淤泥质土,流塑
		中组	海积	m Q_4^3	②	②1	0.1~1.9	灰色黏土,软塑
						②2		灰色淤泥质土,流塑,局部夹粉砂、粉土薄层
		下组	冲海积	al-m Q_4^1	③	③1	-12.0~-14.0	灰色淤泥质黏土,饱和,稍~中密,局部夹薄层淤泥质粉质黏土、粉质黏土
						③2		灰色粉砂、粉土,稍~软塑~流塑,夹较多粉土或粉砂
			海积	m Q_4^1	④	④1	-9.5~-18.5	灰色淤泥质土,流塑,软塑,鳞片状构造
						④2		灰色黏土,软塑,细腻片状构造
	上更新统	上组	冲湖积	al-l Q_3^2	⑤	⑤1	-13.0~-36.0	灰绿、灰黄、褐黄色黏土,软塑~可塑,厚层状构造,夹铁锰质结核
			冲湖积	al-l Q_3^2		⑤2		灰黄、褐黄色粉质黏土,软塑~可塑,薄层状构造
			海积	m Q_3^2		⑤3	-25.5~-32.5	灰黄、褐黄色粉砂,中密
			冲湖积	al-l Q_3^2		⑤4	-19.0~-43.0	灰色粉质黏土,软塑
		下组	冲湖积	al-l Q_3^2	⑥	⑥1	-30.0~-38.5	灰绿、灰黄、褐黄色粉质黏土、黏土,可塑,夹铁锰质结核
			海积	m Q_3^2		⑥2	-35.0~-45.5	灰色粉质黏土,流塑~软塑
			海积	m Q_3^2		⑥3	-40.0~-48.0	
			冲积	al Q_3^2		⑥4	-30.5~-47.0	灰、灰黄色粉砂,细砂、砾砂,中~密实,局部黏性土含量较高

地层			成因类型	成因时代代号	工程地质层		顶板标高 (m)	岩性特征
系	统	组			层组	层		
第四系	上更新统	下组	冲湖积	al-l Q$_3^1$	⑦	⑦$_1$	−34.5～−57.5	灰绿色、黄绿色,可塑～硬塑,下伏灰色黏土
			湖沼积	lh Q$_3^1$		⑦$_2$		灰色,褐灰色粉质黏土,可塑
			冲积	al Q$_3^1$	⑧	⑧$_1$	−42.0～−64.5	灰色,灰黄色粉砂,细砂
			湖沼积	lh Q$_3^1$		⑧$_2$	−45.0～−60.0	灰色黏性土,软塑～可塑
			冲积	al Q$_3^1$		⑧$_2$	−48.00～−65.0	灰色,灰黄色砾砂,圆砾,中密～密实
	中更新统	上组	冲湖积	al-l Q$_2^2$	⑨	⑨$_1$	−50.0～−74.5	灰绿色,灰黄色粉质黏土,可塑～硬塑
			冲积	al Q$_2^2$		⑨$_2$	−66.0～−77.5	褐黄色砾砂,圆砾,中密～密实
		下组	冲湖积	dl-pl Q$_2^1$,	⑩	⑩$_1$	−69.0～−92.5	黄褐色粉质黏土,硬塑,含少量砾石
			坡洪积	al-l Q$_2^1$		⑩$_2$		黄褐色含黏性土碎(砾)石,中密～密实

附录 C 宁波市区土层的物理力学指标

C.0.1 宁波市区土层物理指标可参见表 C.0.1。

表 C.0.1 宁波市区土层物理指标统计表

岩土编号	岩土名称	数据统计	天然含水量 w(%)	质量密度 ρ(g/cm³)	天然孔隙比 e	液限 w_L (%)	塑限 w_P (%)	液性指数 I_L	塑性指数 I_P
①₂	黏土	幅值	28.0~41.3	1.79~1.95	0.71~0.99	36.6~49.8	20.3~27.1	0.3~0.8	16.0~22.9
		变异系数	0.101	0.021	0.070	0.080	0.073	0.248	0.090
①₃	淤泥质黏土	幅值	39.9~57.2	1.65~1.81	1.12~1.65	36.6~47.5	20.8~25.9	1.0~1.6	15.6~21.5
		变异系数	0.092	0.024	0.097	0.065	0.056	0.139	0.080
②₁	黏土	幅值	33.8~43.3	1.76~1.88	0.74~0.95	36.4~46.8	20.3~25.9	0.7~1.0	16.2~21.1
		变异系数	0.059	0.019	0.068	0.064	0.068	0.095	0.065
②₂₋₁	淤泥	幅值	50.4~60.4	1.63~1.71	1.42~1.74	40.9~48.5	22.6~26.6	1.3~1.7	17.8~22.2
		变异系数	0.046	0.013	0.047	0.044	0.043	0.08	0.060
②₂₋₂	淤泥质黏土	幅值	41.3~53.8	1.67~1.79	1.23~1.55	35.8~45.1	20.3~24.8	1.1~1.7	15.2~20.5
		变异系数	0.067	0.018	0.060	0.057	0.052	0.112	0.074

岩土编号	岩土名称	数据统计	天然含水量 w(%)	质量密度 ρ(g/cm³)	天然孔隙比 e	液限 w_L (%)	塑限 w_P (%)	液性指数 I_L	塑性指数 I_P
③₁	粉砂、含黏性土粉砂	幅值	24.1~30.2	1.88~2	0.70~0.94				
		变异系数	0.058	0.017	0.066				
③₂	粉质黏土	幅值	27.1~35.1	1.83~1.93	0.83~1.08	26.8~32.3	16.0~19.5	0.9~1.3	10.4~13.4
		变异系数	0.07	0.015	0.061	0.048	0.051	0.113	0.068
④₁	淤泥质粉质黏土	幅值	38.1~51.9	1.68~1.81	1.11~1.54	34.8~47.0	20.0~26.0	1.0~1.4	14.4~21.2
		变异系数	0.083	0.02	0.107	0.078	0.068	0.11	0.102
④₂	黏土	幅值	35.0~48.6	1.69~1.85	1.14~1.36	35.9~50.0	20.0~27.2	0.8~1.0	15.7~23.0
		变异系数	0.085	0.025	0.048	0.085	0.079	0.057	0.097
⑤₁	黏土	幅值	25.1~33.2	1.9~1.98	0.71~0.96	32.5~44.9	19.1~24.4	0.2~0.7	13.6~20.2
		变异系数	0.107	0.012	0.066	0.081	0.062	0.292	0.103
⑤₂	粉质黏土	幅值	26.4~34.6	1.86~1.98	0.81~1.05	29.8~43.3	17.8~24.0	0.3~0.9	12.0~19.1
		变异系数	0.068	0.017	0.06	0.094	0.078	0.262	0.117
⑤₃	砂质粉土	幅值	11.4~26.9	1.85~1.97	0.70~1.09	27.7~34.6	17.0~26.4	0.6~1.3	5.8~13.1
		变异系数	0.178	0.016	0.081	0.06	0.159	0.182	0.225
⑤₄	粉质黏土	幅值	28.7~39.8	1.82~1.94	0.82~1.06	31.1~45.9	18.1~25.6	0.5~1.0	12.8~20.4
		变异系数	0.085	0.018	0.061	0.103	0.092	0.168	0.124

岩土编号	岩土名称	数据统计	天然含水量 w(%)	质量密度 ρ(g/cm³)	天然孔隙比 e	液限 w_L(%)	塑限 w_P(%)	液性指数 I_L	塑性指数 I_P
⑥₁	黏土	幅值	24.0~35.1	1.89~1.98	0.74~0.97	29.8~47.8	17.6~26.5	0.2~0.7	12.1~21.4
		变异系数	0.100	0.014	0.072	0.129	0.107	0.297	0.158
⑥₂	粉质黏土	幅值	28.8~37.9	1.82~1.93	0.71~1.07	30.2~38.8	18.1~21.9	0.7~1.0	12.1~17.0
		变异系数	0.069	0.015	0.075	0.065	0.049	0.109	0.089
⑥₃	黏土	幅值	27.4~41.8	1.78~1.95	0.80~0.93	30.7~48.8	18.1~26.4	0.5~0.9	12.5~21.9
		变异系数	0.104	0.024	0.035	0.12	0.100	0.144	0.147
⑥₄	粉砂、细砂、砾砂	幅值	19.4~34.6	1.79~2.05	0.61~0.85	26.5~31.0	19.9~22.3	0.7~0.9	6.0~8.2
		变异系数	0.155	0.038	0.088	0.037	0.029	0.084	0.086
⑦₁	粉质黏土	幅值	21.7~30.0	1.83~1.97	0.64~0.92	27.8~40.2	16.4~22.6	0.4~0.7	11.3~17.4
		变异系数	0.084	0.017	0.102	0.095	0.082	0.115	0.112
⑦₂	粉质黏土	幅值	22.9~37.4	1.82~2	0.81~1.04	27.3~41.3	16.4~23.5	0.4~0.9	10.8~18.4
		变异系数	0.131	0.028	0.069	0.105	0.089	0.152	0.132
⑧₂	粉质黏土	幅值	24.1~31.8	1.87~2	0.71~0.93	28.3~35.3	17.6~20.6	0.5~0.9	10.8~14.8
		变异系数	0.084	0.02	0.072	0.059	0.041	0.145	0.087
⑨₁	粉质黏土	幅值	22.8~31.1	1.88~1.98	0.73~0.92	30.1~42.30	17.9~23.3	0.1~0.7	12.2~18.6
		变异系数	0.081	0.015	0.072	0.083	0.067	0.375	0.107

C.0.2　宁波市区土层力学指标可参见表C.0.2。

表C.0.2　宁波市区土层力学指标统计表

岩土编号	岩土名称	数据统计	压缩系数 $a_{0.1\sim0.2}$ (/MPa)	压缩模量 $Es_{0.1\sim0.2}$ (MPa)	黏聚力 c_q (kPa)(快剪)	内摩擦角 φ_q (°)(快剪)	黏聚力 c_c (kPa)(固快)	内摩擦角 φ_c (°)(固快)
①₂	黏土	幅值	0.4~0.7	3.2~4.7	16.3~30.8	5.9~10.3	24.2~38.8	12.1~16
		变异系数	0.184	0.148	0.239	0.208	0.180	0.107
①₃	淤泥质黏土	幅值	0.8~1.4	2.0~2.6	5.9~11.6	1.6~3.4	12.6~18.8	7.7~10.8
		变异系数	0.219	0.107	0.253	0.285	0.153	0.130
②₁	黏土	幅值	0.6~0.9	2.6~3.5	8.6~17.7	3.2~6.1	17.1~25.4	9.4~12.3
		变异系数	0.142	0.113	0.268	0.239	0.153	0.102
②₂₋₁	淤泥	幅值	1.1~1.6	1.6~2.3	4.2~9.3	1.6~2.9	11.9~16.7	7.4~9.1
		变异系数	0.157	0.128	0.289	0.230	0.131	0.083
②₂₋₂	淤泥质黏土	幅值	0.8~1.3	1.9~2.8	2.5~10.0	1.4~3.8	12.0~19.8	7.4~10.9
		变异系数	0.129	0.099	0.281	0.236	0.125	0.110
③₁	粉砂、含黏性土粉砂	幅值	0.2~0.3	5.6~8.6	9.5~29.1	16.3~25.0	7.9~17.6	23.8~33.4
		变异系数	0.073	0.114	0.299	0.120	0.177	0.051

岩土编号	岩土名称	数据统计	压缩系数 $a_{0.1\sim0.2}$ (/MPa)	压缩模量 $E_{s0.1\sim0.2}$ (MPa)	黏聚力 c_q (kPa)(快剪)	内摩擦角 φ_q (°)(快剪)	黏聚力 c_c (kPa)(固快)	内摩擦角 φ_c (°)(固快)
③₂	粉质黏土	幅值	0.3~0.6	3.0~5.1	5.5~22.7	3.1~12.0	15.0~23.9	9.4~14.2
		变异系数	0.154	0.136	0.283	0.199	0.101	0.099
④₁	淤泥质粉质黏土	幅值	0.8~1.2	2.0~2.8	5.4~16.6	1.6~5.3	13.3~21.9	7.8~11.9
		变异系数	0.122	0.091	0.264	0.269	0.127	0.130
④₂	黏土	幅值	0.6~1.0	2.3~3.4	6.6~22.5	2.7~7.8	15.4~27.2	8.7~13.5
		变异系数	0.143	0.102	0.286	0.246	0.149	0.115
⑤₁	黏土	幅值	0.2~0.4	4.7~7.9	24.2~50.1	8.7~16.2	30.5~53.0	14.5~21.1
		变异系数	0.164	0.136	0.188	0.159	0.125	0.106
⑤₂	粉质黏土	幅值	0.2~0.4	4.5~7.6	21.2~46.8	8.0~16.4	27.8~51.1	14.0~20.9
		变异系数	0.172	0.140	0.191	0.181	0.162	0.109
⑤₃	砂质粉土	幅值	0.1~0.3	5.6~10.7	8.0~17.0	24.7~31.3	8.6~18.5	26.6~32.4
		变异系数	0.190	0.167	0.187	0.065	0.208	0.047
⑤₄	粉质黏土	幅值	0.2~0.5	3.6~7.1	16.8~38.1	6.3~13.7	23.3~44.9	11.9~18.5
		变异系数	0.209	0.170	0.196	0.194	0.155	0.114

岩土编号	岩土名称	数据统计	压缩系数 $a_{0.1-0.2}$（/MPa）	压缩模量 $E_{s0.1-0.2}$（MPa）	黏聚力 c_q（kPa）（快剪）	内摩擦角 φ_q（°）（快剪）	黏聚力 c_c（kPa）（固快）	内摩擦角 φ_c（°）（固快）
⑥₁	黏土	幅值	0.2~0.4	4.8~8.7	24.2~54.4	9.1~18.4	29.5~55.6	14.6~21.1
		变异系数	0.170	0.084	0.215	0.173	0.165	0.106
⑥₂	粉质黏土	幅值	0.3~0.6	3.6~6.1	14.4~31.2	4.6~14.6	20.6~36.0	11.2~17.5
		变异系数	0.169	0.143	0.187	0.272	0.138	0.115
⑥₃	黏土	幅值	0.2~0.5	3.9~8.0	18.3~43.5	6.5~16.9	25.2~50.3	12.5~19.2
		变异系数	0.209	0.173	0.217	0.235	0.186	0.105

C.0.3 宁波区土层特殊力学指标可参见表 C.0.3。

表 C.0.3 宁波市区土层特殊力学指标统计表

层号	岩土名称	数据统计	灵敏度 S_t	扁铲			波速	静探		十字板	
				I_D	K_D	E_D(MPa)	横波 v_s(m/s)	端阻力 q_c(MPa)	侧阻力 f_s(kPa)	摩阻比 n	剪切强度 Cu(kPa)
①₂	黏土	幅值	0.3~0.7	2.4~4.3	1.9~3.5	95.4~141.1	0.3~0.7	12.2~37.2	2.9~8	29.7~70.9	2.9~3.1
		变异系数	0.219	0.223	0.217	0.107	0.244	0.252	0.247	0.218	0.024
①₃	淤泥质黏土	幅值	0.2~0.4	1.7~3.2	0.7~1.7	69.8~133.1	0.1~0.3	3.9~9.4	1.9~4.1	16.2~28	3.3~7.1
		变异系数	0.199	0.244	0.276	0.159	0.192	0.216	0.192	0.206	0.283
②₁	黏土	幅值	0.2~0.7	1.7~4.3	1.4~3.2	91.3~149.5	0.3~0.5	9.3~19.8	2.5~4.6	24.6~51.4	2.7~4.5
		变异系数	0.215	0.278	0.283	0.142	0.177	0.188	0.146	0.274	0.189
②₂₋₁	淤泥	幅值	0.1~0.3	1.7~3.0	0.9~1.8	67.4~124.3	0.2~0.4	4~7.8	1.5~2.3	16.4~27.4	3.9~6.4
		变异系数	0.201	0.213	0.274	0.152	0.149	0.168	0.113	0.184	0.192
②₂₋₂	淤泥质黏土	幅值	0.1~0.3	1.9~2.8	1.3~2.7	73.8~140.0	0.2~0.5	4~8.3	1.4~2.2	15.5~28.2	4.4~6.6
		变异系数	0.26	0.138	0.281	0.162	0.186	0.178	0.174	0.213	0.151
③₁	粉砂、含黏性土粉砂	幅值	0.3~0.6	1.4~2.2	5.3~13.9	108.6~219.4	0.9~2.1	9.7~32.3	0.9~1.9	53.3~96.7	2.9~3.1
		变异系数	0.291	0.182	0.299	0.172	0.262	0.295	0.256	0.214	0.017
③₂	粉质黏土	幅值	0.2~0.5	1.5~2.1	2.2~4.0	91.3~198.8	0.4~0.8	6.5~12.2	1.2~1.9	27.3~45.0	2.7~5.9
		变异系数	0.295	0.138	0.219	0.170	0.173	0.184	0.171	0.170	0.290
④₁	淤泥质粉质黏土	幅值	0.2~0.3	1.5~2.8	1.4~3.9	111.2~167.6	0.4~0.8	7.4~13.8	1.3~2.3	20.5~34.3	2.6~3.4
		变异系数	0.261	0.231	0.253	0.103	0.177	0.187	0.215	0.179	0.106

层号	岩土名称	数据统计	灵敏度 S_t	扁铲		波速		静探		十字板	
				I_D	K_D	E_D (MPa)	横波 v_s (m/s)	端阻力 q_c (MPa)	侧阻力 f_s (kPa)	摩阻比 n	剪切强度 Cu(kPa)
④₂	黏土	幅值	0.2~0.4	1.9~2.9	3.2~7.3	119.6~226.4	0.7~1.2	12.4~21.8	1.4~2.2	30.1~48.4	2.9~3.0
		变异系数	0.263	0.168	0.267	0.146	0.193	0.183	0.165	0.176	0.018
⑤₁	黏土	幅值	0.4~0.9	2.9~8.0	10.5~26.5	135.1~267.6	1.6~3	53.7~103	2.3~4.5	98.6~192.2	2.9~3.2
		变异系数	0.276	0.291	0.282	0.168	0.164	0.238	0.241	0.207	0.045
⑤₂	粉质黏土	幅值	0.3~0.9	1.9~5.1	10.5~22.5	139.5~277.0	1.5~3	37.5~112.5	2~4.3		2.7~3.4
		变异系数	0.296	0.290	0.285	0.168	0.232	0.267	0.285		0.113
⑤₃	砂质粉土	幅值				129.5~268.0	3.8~8.7	70.3~188.8	1.2~3.5		
		变异系数				0.178	0.175	0.273	0.214		
⑤₄	粉质黏土	幅值	0.2~0.5	1.4~3.9	5.5~12.6	186.9~261.8	1.2~2.1	23~43.8	1.3~2.5		
		变异系数	0.281	0.220	0.283	0.085	0.198	0.227	0.234		
⑥₁	黏土	幅值	0.3~0.7	2.4~4.3	1.9~3.5	193.8~275.3	2~3.6	54~120.9	1.9~4.2		
		变异系数	0.219	0.223	0.217	0.089	0.213	0.268	0.269		
⑥₂	粉质黏土	幅值				132.1~286.4	1.2~2.1	18.9~39.3	1.3~2.3		
		变异系数				0.188	0.177	0.254	0.229		
⑥₃	黏土	幅值				179.6~308.3	1.5~2.5	24.7~52.4	1.3~2.5		
		变异系数				0.134	0.184	0.265	0.237		

附录 D 宁波市区土层热物性指标

D.0.1 宁波市区土层热物性指标可参见表 D.0.1。

表 D.0.1 宁波市区土层热物性指标统计表

土层编号	土层名称	原状土			人工冻土(-10 ℃)		
		导热系数 (W/m.K)	比热容 ($\times10^6$ J/ m³.K)	导温系数 ($\times10^{-6}$ m²/s)	导热系数 (W/m.K)	比热容 ($\times10^6$ J/ m³.K)	导温系数 ($\times10^{-6}$ m²/s)
①₃	淤泥质黏土	1.04~1.08	2.13~2.20		1.20~1.25	2.10~2.25	
②₂₋₁	淤泥	1.04~1.07	2.41~2.42		1.67~1.86	2.06~2.09	
②₂₋₂	淤泥质黏土	0.92~1.13	2.09~2.41		1.26~1.65	2.03~2.10	
③₁	粉砂、含黏性土粉砂	1.48~1.58	2.23~2.49	0.67~0.72	2.43~2.49	2.27~2.29	1.06~1.21
③₂	粉质黏土	1.32~1.44	2.16~2.36	0.64~0.68	1.76~2.15	2.18~2.49	0.94~0.99
④₁	淤泥质粉质黏土	1.18~1.36	2.13~2.62		1.42~2.30	2.12~2.26	
④₂	黏土	1.09~1.13	2.12~2.31	0.53~0.60	1.65~1.76	2.09~2.34	0.72~0.83
⑤₁	黏土	1.12~1.26	2.28~2.40		1.42~1.57	2.05~2.27	
⑤₂	粉质黏土	1.37~1.42	2.40~2.43		1.79~1.87	2.18~2.20	
⑤₃	砂质粉土	1.57~1.67	2.73~2.91		2.78~2.94	2.24~2.40	

注：数据来源于宁波轨道交通 1、2 号线人工冻土勘察成果。

附录 E 常用图例

E.0.1 岩土图例应符合表 E.0.1-1 和 E.0.1-2 的规定。

表 E.0.1-1 土的图例

	耕植土		中砂
	杂填土		粗砂
	素填土		砾砂
	冲填土		圆砾
	淤泥		角砾
	淤泥质黏土		卵石
	淤泥质粉质黏土		碎石
	黏土		漂石
	粉质黏土		块石
	黏质粉土		有机质土
	砂质粉土		泥炭质土

	粉砂		泥炭
	细砂	—	—

表 E.0.1-2　岩石的图例

	砾岩		安山岩
	角砾岩		玄武岩
	砂岩		凝灰岩
	泥岩		火山角砾岩
	页岩		微风化
	花岗岩		中等风化
	闪长岩		强风化
	辉长岩		全风化
	流纹岩	—	—

E.0.2　勘探工程和其他图例应符合表 E.0.2 的规定。

表 E.0.2　勘探工程和其他图例

	取土样钻孔		水位观测孔
	标准贯入试验孔		取水样位置

●	重型动力触探孔	Y	载荷试验点
◑	取样标准贯入试验孔	▭	探井
◕	取样重型动力触探孔	◲	采取岩土试样探井
◍	天然气勘探孔	▭	探槽
▽	静力触探孔	⟋40°	地层产状
⊕	十字板剪切试验孔	30° ⟋	正断层
⊖	旁压试验孔	70° ⟋	逆断层
Ⓐ	扁铲侧胀试验孔	75° ⟋	平移断层
Ⓥ	波速试验孔	I / II	工程地质分区界线及编号
⚡	电阻率试验孔	$\frac{Z6}{36.5}$ O $\frac{2.4}{1.2}$	孔号 | 孔口高程 孔深 | 地下水位
Ⓣ	地温测试孔	1——1'	地质剖面线及编号
⚲	注水试验孔	▽ 2.20	地下水位
⚱	抽水试验孔	—	—

附录 F 桩基极限侧阻力标准值 q_{sk} 和极限端阻力标准值 q_{pk}

F.0.1 桩基承载力参数一般可参照表 F.0.1。

表 F.0.1 桩基极限侧阻力标准值 q_{sk} 和极限端阻力标准值 q_{pk} 表

层号	土层名称	预制桩		钻孔桩	
		q_{pk}(kPa)	q_{sk}(kPa)	q_{pk}(kPa)	q_{sk}(kPa)
①₂	黏土		26～45		24～33
①₃	淤泥质黏土		12～17		12～15
②₁	黏土		22～28		20～25
②₂	淤泥		12～15		10～12
③₁	粉砂、含黏性土粉砂		30～45		23～34
③₂	粉质黏土		25～32		22～30
④₁	淤泥质粉质黏土		16～24		14～22
④₂	黏土		25～34		24～30
⑤₁	黏土	1700～2500	56～68	700～1000	52～64
⑤₂	粉质黏土	1600～2000	51～64	700～800	42～55
⑤₃	粉砂、砂质粉土	2000～2800	48～60	800～950	40～56
⑤₄	粉质黏土		40～45		36～40
⑥₁	黏土	1800～2400	60～75	750～900	55～65
⑥₂	粉质黏土		46～65		42～58
⑥₃	黏土	1500～1800	62～80		56～70
⑥₄	粉砂、细砂、砾砂	3000～3600	60～70	1200～1600	52～66
⑥₅	圆砂、砾砂	6000～6500	96～105	2500～3000	80～90

层号	土层名称	预制桩		钻孔桩	
		q_{pk}（kPa）	q_{sk}（kPa）	q_{pk}（kPa）	q_{sk}（kPa）
⑦₁	粉质黏土	2400～2800	60～70	1000～1150	54～65
⑦₂	粉质黏土	1500～2000	50～60	600～900	44～56
⑧₁	粉砂、细砂	5000～5500	80～100	2000～2500	65～80
⑧₂	粉质黏土	1800～2000	58～72	700～1000	57～65
⑧₃	圆砂、砾砂	7000～8000	110～120	2400～3200	75～100
⑨₁	粉质黏土	2800～3500	70～75	1200～1500	60～65
⑨₂	砾砂、圆砾	6000～8500	98～110	2200～3500	80～100
⑩₁	含砾粉质黏土	3000～4400	80～100	1300～1800	72～80
⑩₂	含黏性土碎砾石		110～120	3000～3500	100～110

附录 G 土的侧向基床比例系数

G.0.1 土的侧向基床比例系数可参照表 G.0.1。

表 G.0.1 土的侧向基床比例系数一览表

层号	岩土名称	m(kN/m⁴)
①₂	黏土	2000～3000
①₃	淤泥质黏土	750～1800
②₁	黏土	1000～2200
②₂₋₁	淤泥	500～1200
②₂₋₂	淤泥质黏土	800～2000
③₁	粉砂、含黏性土粉砂	2500～3500
③₂	粉质黏土(局部夹粉砂)	3000～4000
④₁	粉质黏土	3500～4500
④₂	黏土	3500～5000
⑤	黏土、粉质黏土	6000～8000

注:比例系数 $m = K_h/z$(基床系数/深度),本表数据来自宁波轨道交通 1 号线 15 个车站基坑位移反分析统计结果。

附录 H 细则用词说明

H.0.1 为便于在执行本细则条文时区别对待,对于要求严格程度不同的用词,说明如下:

　　1 表示很严格,非这样做不可的用词:正面词采用"必须",反面词采用"严禁";

　　2 表示严格,在正常情况下均应这样做的用词:正面词采用"应",反面词采用"不应"或"不得";

　　3 表示允许稍有选择,在条件许可时首先应这样做的用词:正面词采用"宜"或"可",反面词采用"不宜"。

H.0.2 条文中指定应按其他有关标准、规范执行时,写法为"应符合……的规定"。非必须按所指定的标准、规范或其他规定执行时,写法为"可参照……"。

附录 I 引用标准名录

《岩土工程勘察规范》(GB 50021)

《城市轨道交通岩土工程勘察规范》(GB 50307)

《城市轨道交通结构抗震设计规范》(GB ×××××)

《工程建设岩土工程勘察规范》(DB33/T 1065)

《建筑工程抗震设防分类标准》(GB 50223)

《建筑抗震设计规范》(GB 50011)

《铁道工程抗震设计规范》(GB 50111)

《工业建筑防腐蚀设计规范》(GB 50046)

《建筑工程地质勘探与取样技术规程》(JGJ/T87)

《土工试验方法标准》(GB/T 50123)

《工程岩体试验方法标准》(GB/T 50266)

《土工仪器的基本参数及通用技术条件》(GB/T 15406)

《人工冻土物理力学性能试验》(MTT 593.3)

《工程岩体分级标准》(GB 50218)

《建筑地基基础设计规范》(GB 50007)

《建筑桩基技术规范》(JGJ94)

《铁路桥涵地基和基础设计规范》(TB 10002.5)

《城市轨道交通工程测量规范》(GB 50308)

《城市轨道交通地下工程建设风险管理规范》(GB 50652)

宁波市轨道交通技术标准

宁波市轨道交通岩土工程勘察技术细则

Regulations for geotechnical engineering investigation of
Ningbo urban rail transit

2013 甬 SS-02

条文说明

目　　录

1 总　　则

1.0.1　本细则是根据宁波市工程地质、水文地质特点,参考国家标准《岩土工程勘察规范》(GB 50021)、《城市轨道交通岩土工程勘察规范》(GB 50307)和浙江省地方标准《工程建设岩土工程勘察规范》(DB33/T 1065),结合宁波轨道交通岩土工程勘察技术及相关领域所取得的科研成果和地方工程经验编写的一本地方标准。

1.0.2　本细则主要适用于宁波市轨道交通工程的隧道、车站、高架、路基、车辆基地及附属工程,也可以为建筑、市政、交通、港口和水利工程提供参考。

1.0.3　国务院《建设工程勘察设计管理条例》(国务院令第 293号)明确规定的"先勘察,后设计,再施工"是工程建设必须遵循的程序。

1.0.4　根据需要采用实地调查、资料调阅和现场勘查与探测等方法,搜集附有坐标和地形地物的工程线路平面布置图,线路纵断面,线路敷设形式,施工方法,地下工程埋置深度及覆土厚度,已有工程地质及水文地质条件等工程资料,调查工程周边环境的类型及现状情况,并根据工程周边环境与工程的相互关系及重要程度,对设计与施工可能涉及的岩土工程问题进行针对性评价,提出结论、建议及风险控制措施。

3 基本规定

3.0.1 城市轨道交通工程为复杂的系统工程,同时具有线路工程、建筑工程、地下工程、环境工程的特点。从其形式及功用上分为车站工程、区间工程、车辆基地及附属工程,其结构类型多,施工方法复杂且对岩土工程勘察要求高。为满足不同工法的需求,仅提供常规的物理力学指标是不能满足的,还应根据需要提供基床系数、热物理指标、无侧限抗压强度、围岩分级等特殊参数和指标。岩土工程勘察应满足线路方案、工法选择、施工工艺、设备选择和施工方案编制的需要。岩土工程勘察工作前,应根据工程不同设计阶段的任务、目的、要求,充分搜集附近已有的区域地质、地震、气象、水文资料、工程建设的成果和水文地质资料等。结合工程的重要性和建筑场地的地形、地貌及工程地质、水文地质的特点,制定科学合理的技术方案。

3.0.2 可行性研究勘察应根据线路或比选线路方案,通过必要的调查和勘察工作,研究线路场地的地质条件,重点研究对线路方案有重大影响的不良地质作用、特殊性岩土及重点地段的工程地质问题,提供线路方案研究所需的地质依据。

初步勘察应初步查明城市轨道交通工程线路、车站、车辆基地和相关附属设施的工程地质、水文地质条件,分析评价地基基础形式、施工方法的适宜性,预测设计施工中的岩土工程问题,提供必要的设计施工岩土参数,提出复杂或特殊地段的岩土治理初步建议。

详细勘察应查明各类工程场地的工程地质、水文地质条件,为施工图设计、施工方案、工程周边环境保护方案提供详细的岩土工程资料和设计施工所需的岩土参数。

轨道交通工程沿线或场地附近存在对工程设计方案和施工有重大影响的岩土工程问题时,如工程施工中遇到新的岩土工程问题时,发现和详细勘察报告不一致需验证时,施工方案设计采用新技术和新工艺而需要补充相关岩土工程参数时,工程施工险情、事故需要时,应针对需要解决的具体问题,由建设单位委托进行的施工勘察或专项勘察,如地下管线、障碍物及环境的专项调查、水文地质专项勘察等。

3.0.3 根据地形地貌、工程地质条件、水文地质条件,宁波地区地形地貌较为复杂,建筑抗震一般地段,不良地质作用一般发育,特殊性岩土不需要专门处理,地基、围岩或边坡的岩土性质一般,地下水对两层地下车站基坑、盾构隧道工程的影响较小。场地复杂程度应考虑地貌、场地的多变性、不良地质等因素。宁波地层起伏不大,土体标贯指标小,软黏土达不到淤泥的程度,灵敏度不高。按含水量来说,宁波地层含水量不到 60%,比较低。结合地方经验和工程特点,在地下水位较高情况下,宁波轨道交通建设场地定为中等复杂场地较为合适。高架部分按中等复杂场地考虑,地下部分根据隧道面上下范围内土层确定复杂程度,可按中等复杂下限靠,在勘察中如发现异常,按复杂考虑。

3.0.4 根据《城市轨道交通岩土工程勘察规范》(GB 50307)规定,宁波轨道交通主体工程重要性等级按表 1 规定定义为一级。工程周边环境与工程相互影响大,破坏后果严重,工程周边环境风险等级为一级,宁波轨道交通主体工程的勘察等级为甲级,附属工程及次要建筑单独进行勘察时勘察等级划分应按相关规定执行。

表 1　工程重要性等级

工程重要性等级	工程破坏的后果	工程及建筑类型
一级	很严重	车站主体及出入口、地下区间、高架桥区间、大中桥梁、地下停车场、控制中心、主变电站
二级	严重	路基、涵洞、小桥、车辆基地内的各类房屋建筑、通道、风井、风道、施工竖井、盾构始发井、盾构接收井、联络通道
三级	不严重	次要建筑物、地面停车场

3.0.5 城市轨道交通主体工程、附属及配套工程结构抗震设防应执行现行国家标准《建筑工程抗震设防分类标准》(GB 50223)、《城市轨道交通结构抗震设计规范》(GB ×××××)、《建筑抗震设计规范》(GB 50011)、《铁道工程抗震设计规范》(GB 50111)。根据《建筑工程抗震设防分类标准》(GB 50223)规定,抗震设防类别划分为 4 类,如表 2 所示。宁波轨道交通主体工程属乙类,附属结构统一按丙类考虑。

表 2　建筑抗震设防分类表

类别	社会影响	国民经济损失	其他
甲类	严重	巨大	有特殊要求使用功能不能中断,需尽快恢复
乙类	重大	重大	不属甲、丙、丁类建筑
丙类	较大	一定损失	自身破坏不会影响甲、乙类建筑
丁类	轻微	轻微	—

4 区域地质环境

4.1 地形地貌

4.1.1 宁波地处浙东丘陵地区,北濒杭州湾,东临东海,西部为四明山山脉和天台山山脉,走向北东。四明山山脉分布在宁波市西部的余姚、慈溪、奉化、鄞州一带,是甬江和曹娥江的分水岭。天台山脉主脉在天台县境内,其余脉从宁海县西北和西南蜿蜒入境,走向东北,经象山港展延成为东南部的各支余脉。宁波市的主要内河港湾有北部的杭州湾南缘,中部的姚江、奉化江和甬江,东南部的象山港、三门湾。宁波市区由两山、三江、一港两湾组成,形成了北部平原、东南部港湾丘陵和西部山区的总体地貌特征,以及广阔的内域海域。

4.1.2 不同的地貌类型,有不同的工程地质环境;同一类工程在不同地貌单元,有不同的勘察要求和岩土工程评价。宁波市地貌分区图见图 B.0.1,按形态的分类原则对地貌类型进行分类,将宁波市陆域地貌划分为浙北平原区、浙东低山丘陵区和浙东南沿海丘陵平原及岛屿区。其中浙北平原区又按其形态特征进一步划分为 3 个次一级亚区:慈北平原亚区、余姚丘陵平原亚区、宁波平原亚区;浙东南沿海丘陵平原及岛屿区进一步划分为 5 个次一级亚区:大碶平原亚区、咸祥平原亚区、象山平原亚区、长街平原亚区和宁波东部沿海丘陵及岛屿亚区,分类原则和方法与《工程建设岩土工程勘察规范》(DB33/T 1065)基本一致。

4.1.3 宁波位于中国东海沿海,海岸线长度 1594.4 km。海岸带是指海洋与陆地相互作用的地带,由海岸、潮间带和水下岸坡 3 个基本地貌单元组成。涉及海岸附近的工程勘察,均应对上述 3 个单元进行正确的划分,进而分别对其地质特征作进一步论述和评价。

4.2 区域地质

4.2.1 我省的地质构造形迹以断裂为主,褶皱次之,宁波市的主要地质构造形迹亦与之相同,其分布略图见附录 B.0.2。

4.2.2 本条仅对本地区地震动参数做原则性要求,具体参数应按国家标准最新公布数据取用。

4.2.3~4.2.4 前第四系主要出露于区内侵蚀剥蚀低山丘陵、岛屿丘陵地段,宁波平原、大碶平原区等覆盖大厚度第四系。区内发育的前第四系以侏罗系上统(J_3)、白垩系下统(K_1)和新近系上统(N_2)为主,岩性主要为火山碎屑岩、碎屑沉积岩、冲积砾石、湖积黏性土及基性熔岩(区内以玄武岩为主)。第四系成因类型多样,时代较全,自中更新世至全新世均有沉积,中更新统以陆相沉积为主,上更新统为海陆交互相沉积,全新统以海相沉积为主。

4.3 工程地质分层

4.3.1~4.3.2 宁波平原第四系工程地质层可按下列原则进行划分:

1 遵循宁波地区当地土层编号的习惯和经验,保持宁波地区标志性层位(如③层、⑤层、⑦层和⑧层)编号不变;

2 相同沉积年代的地层尽量划分在同一工程地质层组;同一工程地质层组中,可根据地层成因类型、岩性、结构构造和物理力学性质等细分成工程地质亚层;

3 粉土、砂土夹层、过渡类土以及含水层等需详细单独分层。可采用增加亚层甚至更次级亚层编号的方法来处理这些过渡类土或夹层。

4.3.4 随着对区内第四系研究程度的加深,对照浙江省第四系工程地质层划分标准,对宁波平原区部分层位代号、时代有了新的认识。工程实际中,也发现了原有第四系工程地质层划分上存在的一些不合理之处,需要进行更正。岩土工程勘察是一项实用工程,在不影响工程使用的情况下,根据已完成的轨道交通工程勘察成果和工程使用习惯,以及现有轨道交通工程勘察大部分位于宁波平原区的特点,现阶段为避免使用过程中出现不必要的偏差,对宁波平原区第四系仍沿用原来的地层编号。对于目前轨道交通工程勘察涉及相对较少的宁波平原以外地区的工程地质层组划分可根据具体情况参照本细则执行,或按《工程建设岩土工程勘察规范》(DB33/T 1065)的规定执行。

5 工程地质调查和测绘

5.1 一般规定

5.1.1 为查明场地及其附近的地貌、地质条件,对稳定性和适宜性做出评价,工程地质测绘和调查具有很重要的意义。在开展工程地质调查和测绘工作前,收集和研究工作区既有的各种地质资料是了解区域地质情况,初步确定工作的重点、难点,制订工作计划,做好工程地质调查和测绘的基础。在覆盖层发育的地区,对一些隐伏的地质界线通过地面观测往往难以进行准确的定位和追踪,应结合必要的挖探、物探等勘探手段进行调查。

5.1.3 遥感解译是进行工程地质调查和测绘的一种重要手段,具有覆盖面广、信息量丰富等特点。但作为一种勘察方法,遥感解译受信息处理和比例关系等因素的影响,也具有局限性,图像失真、假象或对一些地质现象难以识别等情况难以避免。进行现场踏勘验证,与工程地质调查和测绘结合的方法,可以取长补短,对工程地质调查和测绘资料相互补充验证,提高工程地质调查和测绘的质量和效率。一般包括初步解译阶段、野外踏勘和验证、成图 3 个阶段。

5.2 工程地质调查、测绘的范围和内容

5.2.1 工程地质测绘和调查的范围应包括环境地质条件对工程建设可能影响到的范围,以及工程建设施工、运营对环境地质条件可能影响到的范围。场段、车站和弯道段相对于一般区间直线段所涉及的岩土工程问题要复杂。

5.2.2 对本条作以下说明:

   3 对工程有特殊意义的地质单元,需追溯地质问题、地质界

线时,以及对工程建设有影响的不良地质、特殊岩土、断裂构造、地下富水区、既有建筑工程等地段,一般需要扩大工作范围,通过追索法或穿越法予以查明。

5.2.3 对本条作以下说明:

4 地质灾害对工程建设的危害是巨大的,工程建设过程中一方面可能遭受地质灾害的影响,另一方面也有诱发地质灾害的可能,工程地质测绘和调查必须包括这些区段。

5.3 工程地质调查、测绘的精度和地质观测点的布置

5.3.1 工程地质测绘比例尺的选择和精度,应与工程设计的需要及地质条件的复杂程度相对应,同时宜与本地区在城区规划、勘察、设计、施工等常用比例尺和精度的要求相一致,以利于利用。工程地质测绘和调查底图比例尺不应小于工程地质图成图的比例尺。

5.3.2 地质观测点的布置是否合理,是否具有代表性,对于成图的质量至关重要。地质观测点布置在地貌单元的边界、地层接触线、岩性分界线、标准层位、地质构造线和每个地质单元体、地下水出露点、特殊岩土及不良地质体的界线、具有代表性的节理和岩层露头等部位,有利于对各种地质体的分布情况进行定位控制,使填绘的地质界线有据可查,有利于对各种地质体的地质属性进行调查。地质点的密度目前尚无统一规定,根据地质条件复杂程度采用相应比例尺图上的 2 cm~5 cm 布置是参照了《公路工程地质勘察规范》(JTG C20)和《工程地质调查规范》(DZ/T 0097)的有关要求,结合轨道交通工程的特点确定的。需要说明的是,地质点的密度不应机械地采用等间距布置。

5.3.3 对图上宽度大于 2 mm 的地质现象,对工程有影响的滑坡、崩塌、断层、软弱夹层等不良地质作用,以及对工程评价有重要意义的地质体和地质现象,在图上的宽度不足 2 mm 时,应进行工程地质测绘与调查,并采用扩大比例尺表示,标注其实际数据,以便于更好地解决岩土工程实际问题。

5.3.4 地质观测点的定位标测,对成图质量影响很大,应根据精度要求选用适当方法,如目测法、半仪器法、仪器法以及全球卫星定位系统(GPS)等。地质构造线、地层接触线、岩性分界线、软弱夹层、地下水露头和不良地质作用等特殊地质观测点,宜采用仪器定位。工程地质测绘精度目前尚无统一要求,其精度控制要求按《岩土工程勘察规范》(GB 50021)确定。

5.3.5 工程地质测绘和调查的成果资料,本条只作了一般内容的规定,如果是为解决某一专门的岩土工程问题,也可编绘专门的图件。

6 可行性研究勘察

6.1.1 可行性研究勘察主要是通过对拟建工程沿线已有资料的分析研究，了解拟建场地区域岩土工程条件，对拟建线路（方案）通过场区的地质条件及环境进行分析和多方案的比较评价，从岩土工程角度论证工程方案的可行性，为线路方案的比选提供岩土工程技术依据。当收集资料不能满足要求时，布置必要的勘测工作。

6.1.2 地下含水层的分布范围、水位等资料对轨道交通这类地下工程的建设影响较大，因此，在轨道交通工程可行性勘察阶段，勘察单位应对地下含水层尤其是承压含水层的分布范围、水位等区域性水文地质资料进行广泛搜集，供设计参考使用。

　　鉴于地质灾害和地震安全性评估以及地下障碍物调查等专题对轨道交通线路和工程方案的确定影响较大，故一般要求上述专题在工程可行性研究阶段实施完成。

6.1.3 特殊地质条件往往是影响线路方案及施工工法选择的局部控制因素，在本阶段进行专题研究是为线路方案稳定及工法选择提供可靠的依据，降低方案风险。

6.2.3 一般情况下可行性研究勘察阶段提供常规的物理力学性质指标即可，特殊情况下需按设计要求提供。

6.3.1 可行性研究勘察应尽可能利用工程沿线已有勘察资料；但当已有勘探孔距离拟建方案线路轴线大于 50 m 时利用价值不大，故本条对利用勘探孔的距离做此规定。同时在已有资料利用过程中，应加强已有资料可靠性的分析评价工作；为保证利用资料的可追溯性，勘察报告中应注明利用资料来源。

7 初步勘察

7.1.1 轨道交通工程勘察有其特殊性,初步勘察不仅要针对场地地基条件,所提供的勘察成果同时要满足稳定施工方案的要求,应根据地基条件对施工工法的适用性与合理性进行评价,并提出建议。

7.3.1 盾构区间应重点查明的地下障碍物主要包括地下构筑物和人防工程、建构筑物基础、地下管线及沿线基坑施工可能遗留的锚杆等。

7.3.2 对本条作以下说明:

1 物探作为一种间接、有效的面积性勘探手段,具有方便、经济快捷的特点,在工程勘察中对解决面积性地质问题有着不可替代的优越性。钻探与物探相结合的综合勘察技术,能够做到点面结合,很大程度上克服了常规钻探的局限性。因此,在山岭矿山法隧道勘察中,为弥补钻探孔数量有限的不足,应结合地质测绘,采用钻探、物探等综合手段进行勘察。

2 矿山法施工隧道浅埋段的定义可参考《公路隧道设计规范》(JTG D70)的规定:浅埋和深埋隧道的分界,按荷载等效高度值,并结合地质条件、施工方法等因素综合判定。按荷载等效高度的判定公式为:

$$H_p = \alpha h_p$$

式中:H_p——浅埋隧道分界深度(m),Ⅳ~Ⅵ级围岩取 2.5,Ⅰ~Ⅲ级围岩取 2;

h_p——荷载等效高度(m),按下式计算:

$$h_p = \frac{q}{\gamma}$$

式中:γ——围岩重度(kN/m³);

q——隧道垂直均布压力(kN/m^2),按下列计算确定:

$$q = \gamma h$$
$$h = 0.45 \times 2^{S-1} \omega$$

式中:S——围岩级别;

ω——宽度影响系数,$\omega = 1 + i(B-5)$,B 为隧道宽度,i 为 B 每增减 1 m 时的围岩应力增减率,以 $B=5$ m 的围岩垂直均布压力为准,$B<5$ m 时,$i=0.2$;$B>5$ m 时 $i=0.1$。

3 考虑到勘察施工难度,洞身部位仅在浅埋段及不良地质发育段做了布孔硬性规定,其他部位可根据岩性及构造发育情况采用综合手段进行勘察,对于有应力测试要求的部位要布置钻探孔。

4 顶管施工作为一种地下工程施工方法,主要用于地下进水管、排水管、煤气管、电讯电缆管的施工。它不需要开挖面层,并且能够穿越公路、铁道、河流、地面建筑物、地下构筑物以及地下管线等,是一种非开挖的敷设地下管道的施工方法。过去顶管由于直径小、单节顶进距离不长和对土体扰动大等缺点,有时会在地下车站出入口穿越工程应用,而很少用于轨道交通区间隧道施工。但近年来,由于在建设费用上的优势,顶管技术已得到了长足发展,不断出现超大直径、超长距离顶管工程,使得顶管技术开始在部分城市轨道交通区间隧道中加以使用。而超大直径的顶管施工工艺与盾构法相类似,其勘察要求也与盾构法相似,因此,其勘探工作量布置可参照盾构法进行。

5 考虑到轨道交通工程勘察的特点,勘察要求的系统性与各阶段技术要求的连贯性,勘探孔平面布置与孔深布置均综合统一考虑,故初勘阶段的孔深要求与详勘阶段的控制性孔深度要求一致。

7.4.2 勘探孔沿轴线布置于拟设墩台位置是指沿轴线纵向展布要求,考虑到钻探施工存在钻具残留的风险,钻探孔位尽可能布置在墩位承台的施工范围外侧。

7.5.2 对车辆设施及综合基地工程的勘察工作量布置,本细则仅考虑常规情况。对于存在大面积堆填的场地尚应考虑堆填体本身的工程性质,勘探孔深同时要考虑大面积堆填的变形验算要求。

由于城市用地紧张,近年来多个城市通过车辆设施及综合基地上盖物业进行综合开发,以充分发挥土地资源的利用价值,上盖物业与车辆设施及综合基地对地基的要求有较大的不同,勘察工作量布置应充分考虑其叠加效应。

8 详细勘察

8.1.3 根据软土地区地基土特点和轨道交通勘察经验,鉴别孔一般已不采用。静力触探和标准贯入等原位测试不但能有效鉴别、划分土层,而且能获取原位土层力学性质参数,故在轨道交通勘察中,应根据地基土特点尽可能多的布置原位测试孔,一般不宜少于勘探孔总数的1/3。

8.3.2 对本条作以下说明:

    1 规定在车站端头部位、工作井盾构进出洞端和区间中间选取部分钻孔,在一定范围内连续取土样,目的是详细查明隧道开挖面范围内土层性质,特别是含水砂层分布、软硬地层的交界面等,以防止开挖面坍塌、涌水、盾构偏离线路方向等现象发生。

    2 明挖法区间隧道,为狭长型基坑工程,勘探工作量的布置原则参照基坑工程的原则。考虑宁波市区地层分布总体较稳定,当隧道总宽度不大于 20 m 时,按照轨道交通工程的勘察经验,可采用"之"字型布孔,孔距 20 m～35 m 是指轴线投影间距;当隧道总宽度大于 20 m 时,宜沿基坑两侧边线分别布置勘探孔,单侧实际孔距不宜大于 35 m。

    3 基坑工程勘察中暗浜、塘的探察工作十分重要,但许多位于城市中心的基坑工程受环境限制,采用小螺纹钻的常规探摸手段难以实施。采用综合方法勘探是指可采用螺纹孔或浅层物探,搜集历史河流资料等方法来查明暗浜、塘的分布。

8.4.1 目前宁波地区轨道交通高架桥基础形式均系采用桩基,因此本条相关内容均按桩基考虑。若高架桥采用墩基础或沉井基础时,其勘察工作量布置可参考《铁路工程地质勘察规范》(TB 10012)执行。

8.4.2 轨道交通高架桥梁原则上每个墩、台应有 1 个勘探孔。对

于宁波地区,当遇下列情况时,应增加勘探孔:

(1) 当相邻墩台间地基土变化较大、影响到墩基础设计时,应增加勘探孔以进一步查明地基土变化情况;

(2) 轨道交通高架桥梁标准跨径一般为 25 m～35 m。在桥梁过道路、河流等情况下,跨径超过标准跨径及墩承台尺寸较大时,应适当增加勘探工作量。

8.5.3 地面区间及车站的最大勘察孔距不宜大于 45 m,是考虑到有采取地基处理措施的可能,孔距同时满足地基处理设计需要。

9 施工勘察及专项勘察

9.1.2 实施施工勘察时,场地条件一般已硬化完毕,甚至支护结构已施工,勘察尽量采用原位测试手段,避免对场地条件造成大的影响。

因施工险情或事故处理的施工勘察往往使地基条件已发生改变,加上环境也可能发生较大变化,采取多手段相互验证以提高现场资料的可靠程度。

9.2.1 本细则专项勘察是指针对某项特殊需要或专题服务专门进行的调查或勘察工作。常规勘察内容不包含或常规勘察技术要求的勘察资料深度不能满足工程要求时,应进行专项勘察;为提高原位测试或现场试验的可靠性,也可委托专业单位进行某方面的专项工作。

9.2.2 当工程建设环境专项调查、地下障碍物及管线调查、不良地质及特殊性岩土调查这三项专项勘察内容影响到线路方案的稳定及施工工法选择时,应尽量安排在可行性研究勘察阶段进行。后续的勘察工作随着勘察精度的提高,新发现的不良地质及特殊性岩土可在同期勘察实施中加强相应的工作。

9.2.3～9.2.4 地下障碍物及管线调查实际上是工程建设环境调查的独立分支,因其重要性和独立性专门予以要求。这两项内容对拟建线路的走向、平面与空间布置的确定均有重大影响。调查范围尚包含比较线路。

9.2.7 提供土层热物理参数、冻结土层不同温度下的物理力学参数及冻融后土层的相关参数。在勘察单位无上述试验设备及试验条件时,可委托专业单位全线统一进行专项工作,资料共享。

10 不良地质作用与特殊性岩土

10.1 一般规定

10.1.1 针对宁波市区域地质条件的特点,本条仅对不良地质作用中的滑坡、崩塌、区域地面沉降、浅层气的勘察作了具体的规定,而对其他的不良地质作用如岩溶、泥石流、采空区等未作具体的规定,原因是一般而言其发生的可能性较低或不存在发育条件。若在工程勘察中发现存在其他不良地质作用时,应按照有关规定进行勘察。

特殊岩土的种类很多,根据宁波地区特点仅对填土、污染土、泥炭土的勘察做了相应的规定。而对于软土,虽然分布广泛,但本地勘察经验已非常丰富,处理软土的方法已非常成熟,因此本章未把软土勘察要求放入其中。

10.2 滑 坡

10.2.1 影响滑坡的因素较多,采用搜集工程地质、水文地质、气象等资料和多种勘察手段相结合的综合方法进行勘察,目的是更加全面、准确地查明产生滑坡的的条件、机理,对滑坡的稳定性分析和评价具有重要作用。

10.2.2 本条规定了工程滑坡治理设计时宜采用更大比例尺进行工程地质测绘,目的在于提高测绘和调查的精度,确定工程治理的范围,达到既治理好滑坡,又节约工程造价的目的。

10.2.4 滑坡勘察的工作量只作了基本的规定,勘察时应根据实际情况进行调整,工作量的布置以查清滑坡的形态、性质、规模为目的。本条规定了勘探点间距不宜大于 40 m,仅仅是指导性数据,是最大间距的控制值,而应该注意的是宁波地区以小型滑坡居多,勘探点的间距宜尽量小,以查清滑坡为目的。

10.2.5 地下水的活动对滑坡的产生具有不可忽视的作用,同时也是关键因素之一,勘察时应对地下水引起足够的重视。

　　钻孔施工应采用干钻法或双重岩芯管,并应全断面采取芯样等,规定的目的是滑坡勘察应对岩芯的观察和描述引起重视,尤其是滑坡带附近的芯样辨别判定,是确定滑带的位置、形状、特征的重要方法之一。

10.2.6 强调土的抗剪强度试验宜采用与滑动受力条件相似的方法,对滑带土样宜作重塑土或原状土多次剪试验,并提供多次剪和残余剪的抗剪强度,为滑坡治理设计提供参数。

10.2.7 当有地下水作用时,滑坡的稳定性计算时应计入浮托力和水压力。

10.2.8 影响滑坡稳定的因素很多,各种分析和计算的结果可能会存在差异,这里强调在稳定性分析时必须采用综合评价的方法,防止单一方法分析出现差错,同时应分析发展趋势和危害程度,提出治理方案的建议。

10.3　崩　　塌

10.3.1 轨道交通工程穿越山体或经过危岩、崩塌区建设时,除应对山体的整体稳定性进行调查评价外,查明危岩、崩塌产生的可能性,防止崩塌地质灾害对轨道交通工程建设造成影响。崩塌的勘察工作一般应在可行性研究阶段(选择线路时)或初步勘察阶段进行。

10.3.2～10.3.3 崩塌勘察的主要方法是进行工程地质测绘和调查,查明危岩、崩塌形成的条件、岩体的结构类型、结构面的产状及组合关系、大气降水、地表水、地下水及人类活动对其的影响,以及崩塌体的大小、规模和崩落方向,并提出对工程的影响及防治方法和措施。对于治理重点地段(崩塌方向主剖面)规定了比例尺不小于1∶200,目的在于提高测绘的精度,以满足治理地段施工图设计的需要。

10.4 区域地面沉降

区域地面沉降是指一般由过量抽吸地下水产生降落漏斗引起的区域性地面在垂直方向上高程降低的现象,也适用于对抽吸地下水而产生水压下降引起的地面下沉。但不包括由于构造运动、地震、滑坡等原因造成的地面降落,也不包括由于地基土的固结沉降及工程活动引起的局部地面沉降,如大面积堆载、基坑开挖与降水等引起的地面下沉。对大面积堆载、采空区等引起的地面下沉的勘察不适用。

自 2008 年底以来,宁波市已全面禁止和关停地下水开采井,并采取了部分回灌措施,地面沉降得到了有效的控制。宁波市每年发布的地质环境公报中有地面沉降的等值线图和沉降速率图等,这些资料的搜集对地面沉降的现状和发展趋势的研究具有重要的意义,也是分析地面沉降对轨道交通工程影响的重要依据之一,同时对提出设计、施工和运营期间采取措施的建议及治理或预防地面沉降的方案具有指导意义。

10.5 浅层气

10.5.1 浅层气的探测目前没有专用仪器。本条提出采用钻探、物探、静探结合可燃气体检测报警仪的综合勘探法,是在宁波市轨道交通 2 号线工程勘察实践基础上得到的一种有效的探测方法,但该种方法还有待于进一步完善。

10.5.2 气源层是指能产生大量有害气体的地层,储气层是指能储存有害气体的地层。本节特别强调查明气源层的有机质含量及储气层的孔隙率。

浅层气的成分、气体压力、储量是勘察的难点之一,勘察单位在浅层气勘察前必须对勘察工艺进行规划和设计。

10.5.3 浅层气的生成机理、条件及储存环境比较复杂,目前国内还没有对浅层气勘察的详细规定,勘探点的布置只作了原则上的规定,其数量及位置应根据工程负责人的经验布设,但对沿线可能产生浅层气的地段及对轨道交通工程建设有影响的地段应布设勘探孔,确保轨道交通工程的施工和运营的安全。

10.6 填 土

10.6.2～10.6.3 改革开放以来,宁波市城乡建设规模不断扩大,同时由于老房子的拆迁、旧城的改造、地下空间的开发等原因,大量建筑垃圾的产生和无序堆放导致填土地基的大量涌现,给轨道交通建设带来极大的影响。本条强调填土地区宜采用多种手段相结合的方法,以查明其分布范围、厚度、填土的工程性质及变化规律,尤其强调应搜集 20 世纪 80 年代改革开放以前的老地形图,对填土的分布范围(特别是暗浜、暗塘)有很大的帮助。当填土的厚度很大,或存在旧基础、防空洞等障碍物时,往往钻探、井探的难度很大且难以查清,因此建议配合采用物探、调查相结合的方法。

10.6.4 填土往往具有均匀性、压缩性、密实度等不一致的性质,在难以定量评价其特性时,应进行定性分析评价,提出对填土的处理措施的建议。同时填土往往还具有颗粒粒径大、孔隙率大、透水性极强的特点,对轨道交通的基坑开挖、地下连续墙成槽、盾构施工及防水、防渗措施、隧道围岩的稳定性等影响极大,勘察评价时应引起高度的重视。

10.7 污染土

10.7.1 宁波地区对污染土的勘察尚无经验,但根据轨道交通规划,线路存在穿越化工区及其他污染区域的可能性。

　　本节编写的主要依据是国家标准《岩土工程勘察规范》(GB 50021)以及浙江省规范的《工程建设岩土工程勘察规范》(DB33/T 1065)。

　　本节适用于因管线渗漏污染、工业污染、尾矿污染、垃圾填埋渗漏等引起的污染土的勘察,不适用于核污染土的勘察。

10.7.2 污染源的位置、成分、性质及对周边环境影响是比较难以查清的,由于涉及面较广,靠勘察单位自身调查的可能性极小,因此本节规定必要时应进行调查。

对具有挥发性污染物的试样,由于需要查清污染物的成分,因此规定需要收集气体样品,并进行成分的测定。

10.8 泥炭土

泥炭土是软土的一种,主要分布在宁波市区北部慈城、洪塘及西部山前一带,宁波市其他区域也有零星分布,该层土具有含水量高、抗剪强度低、极高灵敏度等特点,主要分布在"硬壳层"以下,虽然厚度很薄,但对地基稳定性、沉降、基坑开挖、连续墙成槽、水泥土地基加固、桩基工程等影响较大。

目前,国内尚无专门针对泥炭土勘察做出规定的规范,本节对泥炭土勘察的规定是基本的勘察要求,实际工作中应根据设计要求和工程师的经验确定。

11 地下水

11.1 一般规定

11.1.1 地下水对轨道交通工程建设、运营影响较大,查明沿线与工程有关的水文地质条件,评价地下水对岩土体、工程结构和工程施工的影响,对工程安全意义重大。

11.1.2 当水文地质条件复杂,且对工程及地下水控制有重要影响时,或对于重大深基坑工程,当水文地质条件对地基评价、基础抗浮和工程降水或隔渗有重大影响时,应通过专门的水文地质勘察进行补充深入。

11.1.3 宁波平原地下水类型有松散岩类孔隙水、基岩裂隙水两大类,其中松散岩类孔隙水又可分为孔隙潜水和孔隙承压水两个亚类,亚类与轨道交通建设关系密切,其水文地质特征见表3。

表3 宁波平原水文地质特征简表

地下水类型		含水层组划分	水文地质特征
第四系松散岩类孔隙水	孔隙潜水	孔隙潜水含水层	主要赋存于表部填土和黏土、淤泥质土层中,表部填土富水性和透水性均较好,水量较大;浅层黏土和淤泥质土富水性、透水性均较差,渗透系数在 $1 \times 10^{-6} \sim 10^{-8}$ cm/s 之间,水量贫乏,单井出水量小于 1 m³/d
	孔隙承压水	浅部承压含水层(al-m)	主要赋存于③₁层含黏性土粉砂、粉砂或粉土中,单井出水量在 5~15 m³/d。含水层顶板埋深一般为 15 m~20 m,含水层厚一般为 2 m~4 m,水位埋深 1.5 m~2.5 m,分布不连续

地下水类型	含水层组划分		水文地质特征
第四系松散岩类孔隙水	孔隙承压水	第I₁孔隙承压含水层(al、al-m)	主要赋存于⑤₃层粉土、⑤₅层粉土、⑥₄层粉砂或粉土、⑥₅层砾砂或圆砾中。含水层顶板埋深一般为20.0 m～35.0 m左右,水位埋深－1.9 m～1.7 m(高程),水温为19.5 ℃～20.0 ℃,水质一般为微咸水～咸水,分布不连续
		第I₂孔隙承压含水层(al、al-pl)	主要赋存于⑧₁层粉砂或细砂、⑧₃层砾砂或圆砾中。水量丰富,单井涌水量200 m³/d～1000 m³/d,其富水性受岩性、厚度等因素的控制,涌水量变化较大。含水层顶板埋深一般为40.0 m～60.0 m左右,含水层厚度5 m～10 m,水位埋深3.0 m～6.0 m,分布较为连续
		第II孔隙承压含水组(al、al-pl)	主要赋存于⑨₂、⑩₂层砾砂、圆砾、卵石中。原始水位略高于第I含水层,水位埋深3.0 m～5.0 m,透水性较好,水量较大,单井开采量一般为200 m³/d～1500 m³/d,分布广且连续性好
	基岩裂隙水	基岩裂隙含水岩组	一般深埋于平原80 m以下,对轨道交通工程影响不大

通过对工作区相关水文地质参数汇总成果按不同含水层(组)进行整理,并根据区域水文地质资料、地区经验对整理后数据进行综合分析,对不同承压含水层相关水文地质参数进行了统计汇总,详见表4(供参考)。

表4　不同承压含水层组水文地质参数汇总表

含水层组	土层号	单井涌水量(m³/d)	单位涌水量(L/s.m)	稳定水位高程(m)	渗透系数(cm/s)	水质	岩性
浅层承压含水组	③₁	2～6	0.002～0.007	0.5～2.5	1.0E－5～2.0E－4	微咸～咸	含黏性土粉砂
I₁₋₁	⑤₃、⑤₅	15～80	0.02～0.09	0.0～1.5	1.0E－4～2.0E－3	微咸～咸	砂质粉土

含水层组	土层号	单井涌水量(m³/d)	单位涌水量(L/s.m)	稳定水位高程(m)	渗透系数(cm/s)	水质	岩性
I₁₋₂	⑥₄、⑥₅	20~180	0.02~0.20	−1.0~1.0	1.0E−3~7.0E−3	微咸~咸	粉砂
I₂	⑧₁、⑧₃	130~700	0.15~0.80	−1.0~−2.5	3.0E−3~2.0E−2	微咸	粉砂、砾砂
II	⑨₂	800	0.90	−1.0~−3.0	2.0E−2	淡水~微咸	含黏性土圆砾

11.1.4 水文地质参数一般可以通过抽水、注（压）水试验获取，在分布有承压含水层且其对工程建设有影响的地段，对场区承压含水层水位进行长期观测，便于工程分析与评价。

11.1.5 地下水位量测精度规定为 2 cm 是指量测工具、观测等造成的总误差的限值，因此量测工具应定期用钢尺校正。

11.2 地下水勘察要求

11.2.1~11.2.2 本条为地下水勘察的基本要求。

11.2.3、11.2.6 水文地质试验的数量应根据水文地质单元、工程特点来确定，当水文地质单元复杂多样时，应分区段进行。水文地质试验层位宜根据场区地层分布及其对工程建设的影响来确定。在地下水对工程有影响的区段，布置水文地质观测孔和进行地下水动态长期观测，有利于工程评价与分析。斜坡地段地下水流线变化加剧，适当加密观测水位，有利于准确控制地下水流网精度。根据 1 号、2 号线的工程经验，初勘时每一水文地质单元布置水文地质观测孔不少于 1 组；详勘时每一车站、区间布置水文地质观测孔不少于 1 组。但长期观测孔对后期保护有一定的要求，需做好协调保护工作。

11.2.4 轨道交通为长线路带状工程，往往跨越多种地貌单元、规划区域，也可能涉及多层地下水，地下水化学成分在长线路上、不同含水层中往往有所差异。

11.2.5、11.2.9 本条内容在《岩土工程勘察规范》(GB 50021)中有较为详尽的规定,不再作具体规定。

11.3 地下水控制

11.3.1 地下水对地下结构的上浮作用可能会对轨道交通工程造成不利影响,抗浮设计水位的确定是进行抗浮验算的重要依据。

11.3.2 当场地地下水类型为潜水,并有地下水位长期观测资料时,场地抗浮设防水位可采用实测最高水位;如缺乏地下水位长期观测资料时,可按勘察期间实测最高稳定水位并结合场地地形地貌特征、地下水补给及排泄条件等综合因素确定。对地下水埋藏较浅的滨海地区,抗浮设防水位应综合考虑各种情况,并根据当地经验确定一个综合最高值水位,宁波市区可取 50 年一遇的防洪设计水位 2.80 m(1985 国家高程基准)。施工期间按最不利条件考虑是出于确保工程安全的目的。

11.3.3～11.3.5 地下水勘察的目的就是要评价地下水对地下工程、周边环境和工程施工的影响,为地下水的控制、防治措施的选择提供依据。当采用降低地下水方法时,对工程降水可能引起的工程环境问题进行分析评价,可以恰当地采取防护措施,减小工程降水对环境的影响,确保工程施工安全。

11.3.6 本条对轨道交通岩土工程勘察地下水评价内容作了一般性要求,对于特殊地段或有特殊要求时,可结合专门水文地质勘察进行评价。

11.3.7 深处承压水水压力引起的基底隆起,主要通过基坑底不透水层厚度与承压水水头压力之间的平衡关系来评价,当 $H = (\gamma_w/\gamma)h$ 时,处于极限平衡状态,工程实践中应有一定的安全度。根据宁波市轨道交通工程 1 号、2 号线工程经验,其安全系数 K_s 均按不小于 1.10 取值,本细则规定基底抗隆起安全系数不应低于 1.10 的要求,也是从保证重大工程安全的角度出发。

12 勘探、取样与原位测试

12.1 一般规定

12.1.1 勘探实地施工过程中,常会遇到影响勘探正常开展的地物障碍,在不影响勘察结果和精度的条件下,可对勘探点位作适当移位。但是要杜绝外业施工机组随意挪位和勘探点编号出错,若稍有不慎打破地下管线酿成事故可依据责任分区追究相应责任,因此孔位的偏移尚需经委托方同意,并重新测定点位。

12.1.2～12.1.4 勘探点的施工放样与高程测量的依据点应由建设单位或委托方提供,是为了使勘探点的坐标高程与建筑区范围国土局批地、规划局批用地红线及建筑施工放样时的坐标高程一致。当场地上无国家高程系统依据点时,可与就近国家城市导线点或水准点连测,由专业测量人员担任,另办委托手续。在偏远勘察场地进行勘察时,应尽量避免采用假定高程,特殊情况时可设定相对稳定的高程点作为依据点进行勘察,但应标注说明。

12.1.5 对勘探方法、现场作业的一些基本要求,具体见各条详细规定。

12.1.6～12.1.7 原位测试是在岩土体的原位状态下测定岩土体的物理力学特性的试验技术。原位测试能更直接、客观、准确地获取工程设计和施工所需的有关参数,应大力提倡和推广。

12.2 勘探点测设

对勘探点定位用仪器测定的规定,是为了保证勘探精度。对勘探孔位移动范围的规定,也是为了避免随意移动勘探点位而影响勘察成果,不能达到准确反映工程场地的地质特点。

12.3 地球物理勘探

12.3.1 本条所列的勘探方法为常规的地球物理勘探方法,具体方法及适用性可参照《城市物探方法技术规程》。

12.3.2~12.3.4 地球物理勘探方法需具备一定的物性条件,主要研究一定深度范围地层的物理性质。结合浙江省特点和地层构造,充分利用探测对象的物性条件并开展综合物探,将取得的资料互相验证、互相补充,是提高物探解释精度的有效方法。根据场地地质条件,运用多种物探手段采用点、线、面结合的方法综合勘探,从多项物性参数及不同勘探深度研究地质体,就能达到多层次、立体化认识场地地质条件的目的。

对于隐伏的地质界线、界面、不良地质体、地下管线、含水层等,采用常规勘察方法难以查明时,应采用地球物理勘探方法予以查明;根据探测体的位置、走向及规模等布置勘探线,每个探测体应有 3 条勘探线;勘探线的布置应尽量垂直于探测体的走向,当地形坡度大于 15°应进行地形改正;测线间距应根据探测目的,探测体的规模及空间位置等因素确定;当遇异常未追索完毕情况时应延长测线长度或需进一步了解异常特征时应加密测点间距。

12.4 勘 探

12.4.1~12.4.2 钻探是岩土工程勘察的重要手段,其方法和工艺应根据岩土类别、钻探深度和勘探要求合理选用,以满足勘察技术要求。

12.4.3 钻探的精度要求及对完整和较完整岩体、较破碎和破碎岩体、碎石土、粉土、砂土和黏性土的采取率应符合现行行业标准《建筑工程地质钻探技术标准》(JGJ/T 87)及浙江省标准《建筑工程地质钻探安全技术操作规程》(DB33/1020)的规定。

12.4.4 详细记录钻探过程中发生的孔内事故和发现的气体溢出等异常情况,对后续工程施工有重要的指导意义。同时,野外钻探应文明施工,加强安全生产和对自然环境的保护。

12.4.7 轨道交通工程勘察往往在城镇人口聚集区施工,做好文明施工关系到安全和社会影响。钻孔施工可能会贯通多层含水层,或者构成基坑的导水通道,回填工作至关重要。

12.5 取 样

12.5.1 城市轨道交通工程多为长距离带状工程,且存在大量的地下工程,线路往往会穿越多种地貌单元和地质单元体,规定对钻孔均应取样、试验的目的,也是为了满足不同性质岩土层指标的代表性与合理性的要求。取样间距的规定,结合了宁波地区地质地貌特点和相关规范的要求。

12.5.2～12.5.5 参考《工程建设岩土工程勘察规范》(DB33/T 1065)、《建筑工程地质勘探与取样技术规程》(JGJ/T87)。

12.5.6 满足比热容、导热系数、导温系数、基床系数、动三轴试验的土试样直径应不小于 89 mm,有效长度应不小于 15 cm。

12.6 原位测试

12.6.1 国内常用的静力触探探头以单桥和双桥居多,但双桥静探和孔压静探的优点十分明显,尤其是在我省双桥静探已积累成熟的经验,是现阶段推广和提倡的方向。

当试验深度超过 30 m 或穿过厚层软土后再贯入密实土层时,宜采用套管,防止孔斜或断杆。

静力触探孔与取土样比对时,一般与钻孔距离宜大于 2 m。静力触探孔宜先于钻孔进行,以免钻孔对贯入阻力和静力触探孔之间的垂直度造成影响。

12.6.2 以前进行标准贯入试验是要考虑杆长修正。杆长修正是依据牛顿的碰撞理论,杆件系统的质量不得超过锤重的 2 倍,这限制了深度大于 21 m 时的试验,但实际上试验深度已超过 21 m。通过实测杆件的锤击应力波,发现锤击传给贯入器的能量远大于杆长修正后的能量,故建议不作杆长修正的 N 值作为基本的试验值,但考虑到过去建立的许多 N 值与土性、承载力的经验关系,当采用这些经验关系时应考虑其杆长修正。

12.6.3 动力触探本来是连续贯入的,但对于很深的碎石类土和风化岩,重型和超重型动力触探可配合钻探,间断的进行贯入试验,每隔 1 m～2 m 试验一次,每次贯入试验 30 cm,并记录每贯入10 cm 的锤击数,当 10 cm 的锤击数大于 50 击时可停止试验,按下式换算成相当于 10 cm 的动力触探击数:

$$N_{63.5} = 10\frac{50}{\Delta S} \qquad \text{或} \qquad N_{120} = 10\frac{50}{\Delta S}$$

式中:ΔS——50 击时的贯入度(cm)。

每次间断试验的第一个 10 cm 锤击数如果很低不能反映真实土性时,不应参加统计。由于无法按技术要求操作,即主要是无法进行连续贯入,因此本细则对圆锥动力触探试验中的杆长修正不作要求。

12.6.4 十字板剪切试验有机械式和电测式两种,宜采用电测式十字板剪切试验。

对于层状非均质地基的试验,宜根据附近的静力触探试验成果,选择合适的深度进行。

12.6.5 扁铲侧胀试验最适宜在软弱、松散土中进行,随着土的坚硬程度或密实程度的增加,适宜性渐差。当采用加强型薄膜片时也可用于密实的砂土。

12.6.5 根据宁波地区第四系特点,采用自钻式旁压试验适用的地层较为广泛。但在含碎石的土层中进行试验时,可考虑采用预钻式旁压试验;对于一般黏性土、粉土和软土,也可采用压入式旁压试验。

采用自钻式旁压试验时,应先通过试钻,以便确定各种技术参数及最佳匹配,保证对周围土体的扰动最小并保证试验质量。

旁压试验的加荷等级一般可根据土的临塑压力和极限压力而定,加荷等级一般为 10～12 级。

旁压试验加荷速率,目前国内有"快速法"和"慢速法"两种。一般情况下,为求土的强度参数时常用"快速法";而为求土的变形参数时往往强调采用"慢速法"。据国内一些单位的对比试验,两种不同加荷速率对试验结果影响不大。为提高试验效率,本细则规定采用"快速法"。

12.6.7 单孔波速法沿钻孔向上或向下测试,主要检测地层的剪切波速,单孔法的钻孔可以不测斜。

跨孔法以一孔为激振孔,宜布置 2 个钻孔作为检波孔以便校核。跨孔法对孔的垂直度有严格要求,当孔深大于 20 m 时应进行钻孔测斜,并对激振点与检波点的距离进行校正。

12.6.8 地温测试主要为满足环控设计要求进行,其深度按影响深度范围确定。

12.6.9 轨道交通工程勘察平板载荷试验主要用于测定地下构筑物的基准基床反力系数。

12.6.10~12.6.12 水文地质参数的测定方法应根据地层特点及地下水富集程度选用,并选择适当的模型进行计算。

13 室内试验

13.1 一般规定

13.1.1 试验项目的选择应具有针对性,要根据建筑物的设计特点和施工要求来设计,如土工试验中软土不排水抗剪强度的求取,应选用三轴不固结不排水、无侧限抗压强度试验、十字板剪切试验等。

13.1.2 岩、土、水样品接收是试验工作最重要的环节之一,应当重视把好关。

13.1.3 土样质量对力学指标影响较大,尽可能采用Ⅰ级土样进行试验,但对无侧限抗压强度、三轴压缩试验、高压固结试验需采用Ⅰ级土样。

13.1.4 选好合适的、满足准确度要求的、状态完好的试验仪器,是保证试验数据准确的前提。岩、土、水分析试验仪器应定期校准,并作好标识,便于检查和管理,有条件的试验室可申请省级计量认证。

13.1.5 现行的主要水质分析试验规程主要有:(原地矿部)《地下水质检验方法》(DZ/T 0064 系列)、《水利水电工程地质勘察水质分析规程》(DL/T 5194)、(原有色总公司、冶金部)《水质分析规程》(YS 5226)、《铁路工程水质分析规程》(TB 10104 J 263),其试验方法基本一致。所以在设计未明确试验标准时可采用上述方法的一种进行试验,但提交试验成果的计量单位应与腐蚀性评价所需计量单位一致,在设计明确了必须采用的试验标准时,应使用设计要求的试验标准进行试验。

13.2 试样的制备

试样的制备是室内试验中至关重要的环节,它关系到所有试验项目的试验质量、试验指标的代表性、准确性及合理性。由于土是非均质体,在试验中常常会出现同一层土体或同一个土样的各项试验指标互不匹配,指标离散的情况。

13.2.3 允许误差的限制是为了减小同组力学试验间指标的离散性,减小同一个土样不同试验指标间的矛盾,以保证同一土体单元指标的合理准确。

13.2.4 尽早试验是为了尽可能减小原状土样在存放及试验过程中的扰动,以保证对扰动敏感的低塑性、高灵敏度土样及对扰动敏感的试验项目,如高压固结试验、无侧限抗压强度试验等的试验结果的相对准确、可靠。

13.2.5 留样是为报告审核、试验指标核对及取舍提供条件。

13.3 土的物理性质试验

13.3.1~13.3.2 由于市区软土中含有夹薄层、团块等,非均质土密度和含水率取样规定高于国家标准。

宁波地区土的孔隙比与天然含水量具有高度的相关性,各土层的孔隙比(e)和天然含水量(w)相关性和回归方程如图1~图4和表5所示。

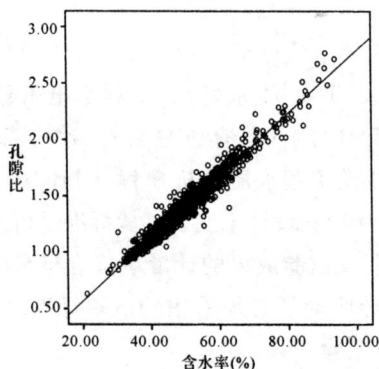

图1 ①₃淤泥质黏土 e-w 相关关系

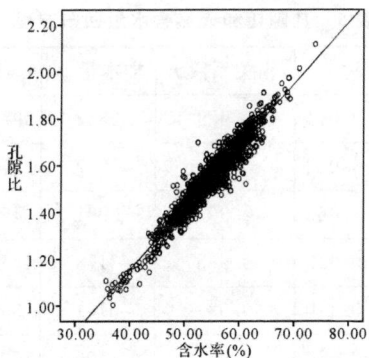

图 2 ②$_{2-1}$ 淤泥 e-w 相关关系

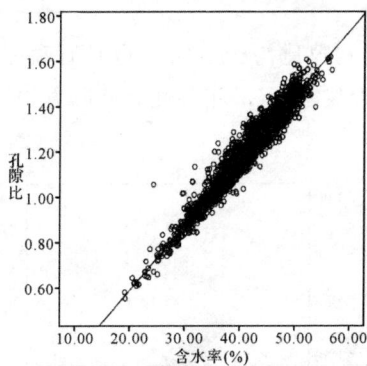

图 3 ④$_2$ 黏土 e-w 相关关系

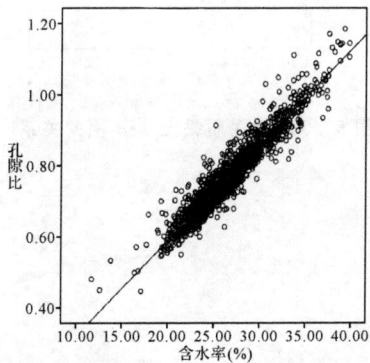

图 4 ⑦$_1$ 粉质黏土 e-w 相关关系

表5 孔隙比和天然含水量回归方程

土层	相关方程	相关系数 r	样本量 N	F 值	Sig
①₃	$e=0.028w+0.014$	0.979	2652	59714.650	0.000
②₂₋₁	$e=0.026w+0.092$	0.954	2097	21133.588	0.000
③₁	$e=0.026w+0.063$	0.907	991	4573.421	0.000
④₂	$e=0.029w+0.013$	0.968	3178	47594.325	0.000
⑤₃	$e=0.024w+0.110$	0.938	761	5522.081	0.000
⑦₁	$e=0.027w+0.050$	0.954	1796	17973.916	0.000
⑧₃	$e=0.026w+0.066$	0.929	566	3563.819	0.000

　　宁波地区土的孔隙比与天然密度也具有高度的相关性,各土层的孔隙比(e)和天然密度(ρ)相关性和回归方程如图5~图10和表6所示。

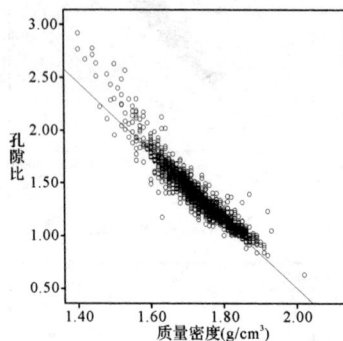

图5 ①₃ 淤泥质黏土 e-ρ 相关关系

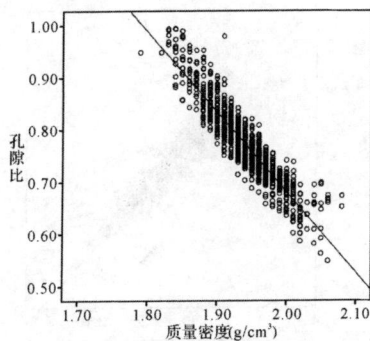

图 6 ③₁ 含黏性土粉砂 e-ρ 相关关系

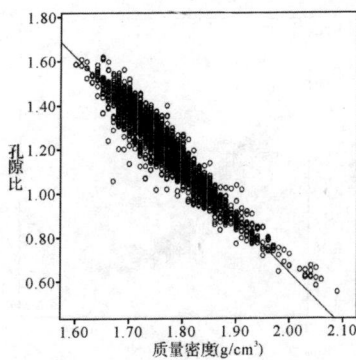

图 7 ④₂ 黏土 e-ρ 相关关系

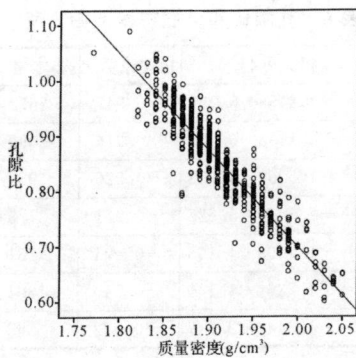

图 8 ⑤₃ 砂质粉土 e-ρ 相关关系

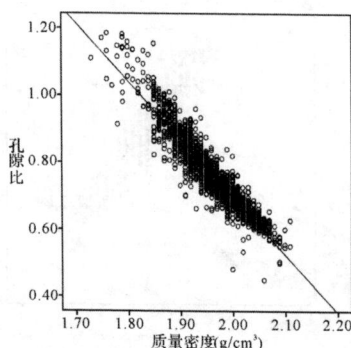

图 9 ⑦₁粉质黏土 e-ρ 相关关系

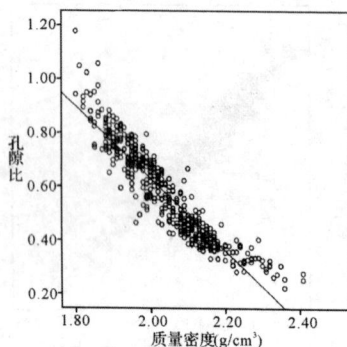

图 10 ⑧₃圆砂砾砂 e-ρ 相关关系

表 6 孔隙比和天然密度回归方程

土层	相关方程	相关系数 r	样本量 N	F 值	Sig
①₃₋₀淤泥质黏土	$e=-3.245\rho+6.993$	-0.947	2658	23040.692	0.000
②₂₋₁淤泥	$e=-3.125\rho+6.786$	-0.916	2099	10974.936	0.000
③₁₋₀含黏性土粉砂	$e=-1.536\rho+3.753$	-0.920	989	5456.976	0.000
④₂₋₀黏土	$e=-2.442\rho+5.525$	-0.951	3178	29896.443	0.000
⑤₃₋₀砂质粉土	$e=-1.749\rho+4.198$	-0.924	761	4450.047	0.000
⑦₁₋₀粉质黏土	$e=-1.726\rho+4.149$	-0.940	1804	13658.116	0.000
⑧₃₋₀圆砂砾砂	$e=-1.344\rho+3.317$	-0.972	565	3443.571	0.000

13.3.3 市区各单位均习惯使用 76 g 圆锥仪法测量液限含水率，所以本条液限含水率增加了 76 g 圆锥仪法。塑性指数小于 12 的

土,不同操作人员间塑性指数偏差较大,故作出用颗粒分析复测黏粒含量的规定。

13.3.4 土的比重变化区间不大,可用 I_P 来确定土的比重,根据市区软土地区经验可采用表 6 中的数值。

13.3.5 需要判别砂土液化时,颗粒分析试验必须求取 0.005 mm 黏粒含量。

13.3.7 有机质试验采用灼矢量法时,在灼烧前将试样及坩埚在 65 ℃～70 ℃的恒温干燥箱内烘至恒量。该过程限制干燥温度为 65 ℃～70 ℃,主要是为防止应干燥温度过高使试样中的有机质分解,要求烘至恒量主要是消除含水量对试验结果的影响,此过程中的恒量判断标准应精确至 0.01 g。

13.4　土的力学性质试验

13.4.1 对于天然密度不大于 1.75 g/cm³ 的黏性土,属欠固结土,为防止过大荷载破坏土样结构,第一级压力宜为 25 kPa。

　　有关规范没有原状土样回弹模量测定的方法,这里引用了龚晓南等主编的《土力学及基础工程实用名词词典》中的计算方法,用高压回弹试验中指标计算,如表 7 所示。

表 7　土的比重经验值

土　名		塑性指数 I_P	按颗粒组成百分比	比重(G_s)
黏性土	黏土	$I_P>20$		2.75
		$17<I_P\leqslant20$		2.74～2.75
	粉质黏土	$14<I_P\leqslant17$		2.73
		$10<I_P\leqslant14$		2.72
砂　土	黏质粉土	$7<I_P\leqslant10$	$10\%<d_{0.005}\leqslant15\%$	2.71
	砂质粉土	$3<I_P\leqslant7$	$d_{0.005}\leqslant10\%$	2.70
	粉砂		$50\%<d_{0.075}\leqslant85\%$	2.69
	细砂		$85\%<d_{0.075}$	2.68

注:表 7 适用于有机质含量小于 5% 的土。

13.4.2 先期固结压力试验原状土样质量是关键,因此要求采用Ⅰ级土样。

间隔2h逐级加荷的快速法,并按次固结增量法进行校正的方法是借鉴上海地区的经验。

13.4.3 直剪试验:

1 软黏土固结时间为30分钟时,总固结度达到60%～80%;固结时间为1小时,总固结度达到90%以上;固结时间为4小时,总固结度达到95%以上,因此,本规范对固结快剪预固结分级加荷的时间间隔和预固结时间作出相应规定。

2 试验中,施加垂直压力的大小会影响抗剪强度线的形状,所以在确定垂直压力大小及压力级序列时应综合考虑土质情况和工程荷载情况。

3 直剪试验时选用的4块土样密度应尽可能相近,试验表明不同密度的4块试样在排列顺序不同时其试验结果的 c、φ 也不尽相同,所以土质不均匀的土样不宜采用直剪试验的方法。

13.4.4 三轴压缩试验对样品质量和数量要求都较高。在软土中采用Ⅰ级土样,土样直径不宜小于108 mm。在使用120°钢丝分样器切成3个试样时试样在同一深度上,容易保持土性的一致性。

三轴压缩试验要求起始孔压系数 $B>0.95$,保证试样在饱和状态下进行试验;三轴CU试验要求排水固结,孔压消散达95%,保证试样固结。

13.4.5 在宁波轨道交通工程中室内基床系数主要采用固结法和三轴仪法,固结法由于没有侧向受限无侧向变形,且试验的压缩厚度为试样厚度,试验测得的下沉量较小,相比较而言三轴试验可以减小应压缩层厚度带来的影响及侧向变形的影响,但三轴试验方法尺寸效应影响较明显,就现有的试验方法看三轴试验方法得到的数据相对可靠。对宁波轨道交通 KC212、KC1201 两标段室内三轴试验获得的水平基床系数 K_h 与垂直基床系数 K_v 结果进行对比分析,结果如表8所示。

表 8　水平基床系数 K_h 与垂直基床系数 K_v 对比

层号	岩土名称	K_h 平均值（MPa）	K_v 平均值（MPa）	K_h/K_v
①₂	黏土	12.9	11.9	1.08
①₃	淤泥质粉质黏土	6.1	5.6	1.09
②₁	粉质黏土	10.4	10.4	1.00
②₁ₐ	黏质粉土	22.2	22.4	0.99
②₂ᵦ	淤泥质黏土	5.7	6.3	0.90
②₃	淤泥质粉质黏土	7.2	6.9	1.04
②₄	淤泥质黏土	5.9	5.6	1.05
③₁	粉土夹粉砂	21.3	23.5	0.91
③₂	粉质黏土	15.7	14.1	1.11
④₁	淤泥质粉质黏土	6.4	6.8	0.94
④₂	黏土	12.2	11.8	1.03
⑤₁	黏土	22.2	20.2	1.10
⑤₂	粉质黏土	16.6	14.6	1.14
⑥₂	粉质黏土	14.5	16.4	0.88
⑦₁	粉质黏土	26.5	27.1	0.98

　　由于室内试验条件、手段的局限及取土试样的扰动、土样应力状态变化等原因，所测得的基床系数与现场实际有一定差距，基床系数的建议值要结合原位测试成果综合考虑。

13.4.6　土在侧面不受限制的条件下，试样的侧向有效应力增量 $\Delta\sigma_3$ 与轴向有效应力增量 $\Delta\sigma_1$ 的比值称为土的侧压力系数（ζ）或静止土压力系数（K_0），试验仪器采用侧压力仪或三轴仪。

13.4.7　无侧限抗压强度试验仅适用于饱和黏性土，且宜采用 I 级土样，其他土均不适用。

13.4.8　热物理指标是城市轨道交通岩土工程勘察规范需要提供的一个特殊参数，本条作如下说明：

1 城市轨道交通工程通风负荷计算方法确定后,合理地选择岩土热物理指标,对保证城市轨道交通工程建筑良好的使用功能及降低工程造价和运行管理有着不可忽略的影响,而岩土的热物理性能与密度、湿度及化学成分有关。导热系数、导温系数随着密度和湿度的增加而变大,而湿度对比热容的影响较大。此外,在相同密度及湿度的情况下,由于化学成分不同,其值相差很大。因此,应通过试验取得数据,以保证设计合理。

2 由于土的热物理指标与土的密度和含水率等参数密切相关,因此需要对原状土的级别进行鉴别。为了真实反映地下土层的热物理特性,保证试验成果的可靠性,质量不符合要求的土样不能做该项目试验。

3 测定热物理性能试验的方法较多,各种不同的方法都有一定的适用范围。因此,根据岩土自身的特性,本细则选用了3种方法测定岩土的热物理性能。面热源法能够一次性测得岩土的导温系数和导热系数,并计算出比热容,结合宁波轨道交通1、2号线试验结果统计的数据见附录D。热线法和热平衡法分别适用于测定潮湿土质材料的导热系数和比热容,利用关系式计算出导温系数。这两种组合测试方法测试装置简单且快捷方便。

13.4.9 宁波轨道交通1、2号线冻结法施工中的人工冻土物理力学性能试验按中华人民共和国煤炭行业标准《人工冻土物理力学性能试验》(MTT 593.3)执行。由于本次试验样本数较少,初步统计获得了人工冻结试验在−5 ℃、−10 ℃和−15 ℃条件下弹性模量、抗压强度和泊松比结果如表9所示。

表9　人工冻土力学指标平均值

土层编号	土层名称	−5 ℃			−10 ℃			−15 ℃		
		弹性模量(MPa)	抗压强度(MPa)	泊松比	弹性模量(MPa)	抗压强度(MPa)	泊松比	弹性模量(MPa)	抗压强度(MPa)	泊松比
①₃	淤泥质黏土	69.2	1.45	0.282	83.4	3.35	0.263	107.8	3.92	0.241
②₂₋₁	淤泥	72.2	1.05	0.284	116.1	2.83	0.264	199.9	4.10	0.241

土层编号	土层名称	−5 ℃			−10 ℃			−15 ℃		
		弹性模量(MPa)	抗压强度(MPa)	泊松比	弹性模量(MPa)	抗压强度(MPa)	泊松比	弹性模量(MPa)	抗压强度(MPa)	泊松比
②₂₋₂	淤泥质黏土	40.0	1.35	0.282	82.8	2.69	0.262	163.6	4.40	0.234
②₃	淤泥质粉质黏土	46.45	1.43	0.282	110.35	2.96	0.263	154.53	4.24	0.235
②₄	淤泥质黏土	71.27	1.49	0.283	104.83	2.79	0.264	117.80	3.42	0.253
③₁	粉土夹粉砂	58.64	2.92	0.273	159.06	4.28	0.262	230.64	5.79	0.245
③₂	粉质黏土	30.21	1.92	0.279	89.87	3.12	0.259	156.04	4.26	0.235
④₁₋₁	流塑淤泥质粉质黏土	68.3	1.57	0.268	133.6	3.33	0.246	198.20	5.06	0.234
④₁₋₂	粉质黏土	53.4	1.60	0.273	128.4	2.83	0.253	189.05	3.96	0.234
④₂	黏土	56.9	1.66	0.275	115.41	2.62	0.256	182.8	3.42	0.235
④₃	粉质黏土	76.4	1.56	0.275	114.5	2.35	0.254	170.3	3.33	0.235
⑤₁	黏土	55.3	1.89	0.278	139.8	3.57	0.245	198.8	5.07	0.223
⑤₂	粉质黏土	76.2	1.65	0.281	110.9	3.00	0.253	130.1	4.21	0.223
⑤₃	砂质粉土	39.4	1.71	0.261	103.2	3.42	0.242	159.6	5.48	0.225

13.5 土的动力性质试验

13.5.1 各种土的动力性质试验方法,适用于一定的应变幅范围,选用时应根据工程所涉及的应变幅范围,选用合适的试验方法。

13.5.2 动强度和液化强度随振动次数增加而减小,所以动强度和液化强度是某一振次条件下的强度,试验资料要提供强度与振次关系曲线以便选用。土的动模量和阻尼比随应变幅大小的变化十分明显,为了便于在计算分析中考虑,一般应测定动模量、阻尼比随应变幅变化的规律。

13.6 岩石试验

13.6.1 本条有关岩样数量采取要求,作比较明确的规定,便于技术人员在工作中使用。

我省平原区岩土工程勘察工作中采取深部岩样较困难,所以抗压试验样品在无法取到高径比 2∶1 的试样时,允许按 1∶1 取样,但试验结果要作高径比修正,具体修正的方法可参照原地矿部《岩石物理力学性质试验规程》(DY-16)试验说明执行。抗剪试验由于试验较简单,对样品要求不高,本规范给予保留。

14 岩土工程分析评价及成果报告

14.2.1 对本条作以下说明：

1 不同地质单元的岩土性质差别很大，岩土参数统计宜按不同地质单元进行。

2 岩土参数的变异系数应有一个限值，由于研究程度不足，尚无条件对此值作出具体规定，一般控制在 30% 以内。

14.3.1 对本条作以下说明：

2 地下车站、附属建构筑物一般宜提供地基承载力特征值。

3 高架区间、高架车站、地面线路一般执行铁道部行业标准，宜提供地基基本承载力。地基的基本承载力 σ_0 系指基础宽度 $b \leqslant 2$ m，埋置深度 $h \leqslant 3$ m 时的地基容许承载力。地基容许承载力 $[\sigma]$ 系指在保证地基稳定的条件下，地基单位面积上容许承受的力。

当基础的宽度 $b > 2$ m 或埋置深度 $h > 3$ m，且 $h/b \leqslant 4$ 时，地基容许承载力 $[\sigma]$ 可按下式计算确定：

$$[\sigma] = \sigma_0 + k_1 \gamma_1 (b-2) + k_2 \gamma_2 (h-3)$$

式中：σ_0——地基的基本承载力；

b——基础的短边宽度，圆形或正多边形基础取 $\sqrt{F}$（F 为基础的底面积），大于 10 m 时按 10 m 计算；

h——基础底面的埋置深度，对于受水流冲刷的墩台，从一般冲刷线算起；不受水流冲刷者，从天然地面算起；位于挖方内，从开挖后地面算起；

γ_1——基底以下持力层土的容重，如果持力层在水面以下且为透水者，应采用浮容重；

γ_2——基底以上土的容重平均值，如果持力层在水面以下且

为透水者则水中部分应采用浮容重,如果为不透水者,不论基底以上水中部分土的透水性质如何,均应采用饱和容重;

k_1、k_2——宽度、深度修正系数,按持力层土性确定,见行业标准《铁路桥涵地基和基础设计规范》(TB 10002.5)确定。

14.4.1 单桩轴向容许承载力可按下式进行计算,并宜通过试桩验证;打入桩可在施工时以冲击试验验证。

1 打入桩轴向受压的容许承载力

$$[P] = \frac{1}{2}\left(U\sum f_i l_i + \lambda AR\right)$$

式中:$[P]$——桩的容许承载力(kN);

U——桩身截面周长(m);

A——桩底(桩尖)支承面积(m^2);

λ——系数,可按行业标准《铁路桥梁地基与基础设计规范》(TB 10002.5)取值;

f_i、R——桩周土的极限摩阻力和桩尖土的极限承载力,可根据行业标准《铁路桥梁地基与基础设计规范》(TB 10002.5)取值。

2 钻孔桩轴向受压的容许承载力

$$[P] = \frac{1}{2}U\sum f_i l_i + m_0 A[\sigma]$$

式中:f_i——桩周土的极限摩阻力,可根据行业标准《铁路桥梁地基与基础设计规范》(TB 10002.5)取值。

$[\sigma]$——桩底地基土的容许承载力,当 $h \leqslant 4d$ 时,$[\sigma] = \sigma_0 + k_2\gamma_2(h-3)$;$4d < h \leqslant 10d$ 时,$[\sigma] = \sigma_0 + k_2\gamma_2(4d-3) + k_2'\gamma_2(h-4d)$;当 $h > 10d$ 时,$[\sigma] = \sigma_0 + k_2\gamma_2(4d-3) + 6k_2'\gamma_2 d$,其中 d 为桩径,k_2 为深度修正系数,可按行业标准《铁路桥梁地基与基础设计规范》(TB 10002.5)取值,k_2' 对于黏性土、粉土取 1.0,对于其他土取 k_2 值之半。

m_0——桩底支承力折减系数,挖孔灌注桩可根据具体情况确定,一般取 $m_0 = 1.0$;钻孔灌注桩可按行业标准《铁路桥梁地基与基础设计规范》(TB 10002.5)取值。

3 支承于岩石层上与嵌入岩石层内的钻(挖)孔灌注桩的容许承载力可按下式计算：

$$[P] = R(C_1 A + C_2 U h)$$

式中：U——嵌入岩石层内桩的周长；

h——自新鲜岩石面算起的嵌入深度；

C_1、C_2——系数，根据岩石层破碎程度和清底情况确定，可按行业标准《铁路桥梁地基与基础设计规范》(TB 10002.5)取值。

14.4.2 地下车站中柱桩、附属建构筑物桩基等需提供单桩极限承载力标准值。

14.5.2 宜采用多种方法分析估算隧道正常涌水量、最大涌水量。

14.5.3 对本条作以下说明：

1 进行颗粒分析试验需提供颗粒分析曲线、土的不均匀系数 d_{60}/d_{10} 及 d_{70}。根据经验，联络通道常采用冷冻法施工，当联络通道附近含水层地下水活动频繁、地下水流速可能超过 5 m/d 时，还应提供地下水流向、流速等资料。

5 针对冷冻法施工、必要时需提供盾构影响范围内(取 $1D$，D 为盾构直径)地基土的原始地温、结冰温度、导热系数、导温系数、比热容、冻土的抗压强度等指标，冻土的抗压强度、剪切强度、抗折强度、蠕变强度和融沉率。

14.5.7 轨道交通工程建设对城市环境的影响较大，应注意分析评价，进行预测和提出措施；环境问题涉及面广，本条规定内容仅属于岩土工程方面的主要问题。

14.6.2~14.6.5 相关内容可根据勘察阶段、工程规模和任务要求适当调整。

15 勘察风险管理

15.1 一般规定

15.1.1 轨道交通工程勘察风险管理流程如图 11 所示。

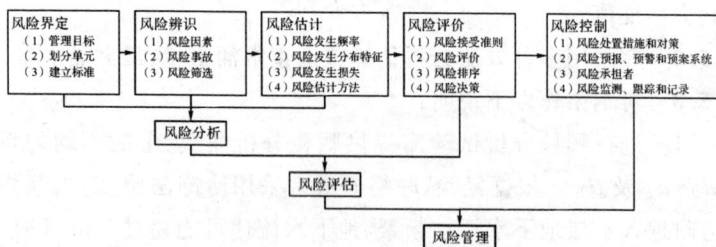

风险界定	风险辨识	风险估计	风险评价	风险控制
(1) 管理目标	(1) 风险因素	(1) 风险发生频率	(1) 风险接受准则	(1) 风险处置措施和对策
(2) 划分单元	(2) 风险事故	(2) 风险发生分布特征	(2) 风险评价	(2) 风险预报、预警和预案系统
(3) 建立标准	(3) 风险筛选	(3) 风险发生损失	(3) 风险排序	(3) 风险承担者
		(4) 风险估计方法	(4) 风险决策	(4) 风险监测、跟踪和记录

风险分析

风险评估

风险管理

图 11　勘察风险管理流程

15.1.2 由于宁波地区区域地质条件差,轨道交通建设中面临一定量的地质风险因素。在岩土工程勘察中,必须对各项问题加以分类区分并严加注意,针对不同的地质风险因素,分别采取具有针对性的勘察手段及措施,综合充分利用各种技术手段,并对所取得的成果进行综合分析,以避免因为地质风险因素而导致事故发生。

遵照《城市轨道交通地下工程建设风险管理规范》(GB 50652)规定,对于重大风险应采取规避或采取专项应对措施,以降低风险等级至正常设计或管理措施可以应对的水平。可接受水平是指Ⅲ级及其以下水平。

15.1.3 轨道交通工程勘察风险管理应由建设单位负责组织,岩土工程勘察单位是勘察阶段质量安全风险控制的责任主体,对工程建设期的风险控制承担勘察合同规定的相应责任,勘察单位应对其勘察的质量负责。

15.2 勘察风险的界定和辨识

15.2.1 勘察实施过程风险中的技术标准主要是因为采用的标准规范不适当或违反国家强制性技术条文而导致的风险。我国与工程勘察有关的各种技术标准种类繁多,据不完全统计,各种国标、行标、地标等已多达 2000 多种。由于工程勘察具有较强的地域性和行业特点,各行业、各地区标准之间都存在一定的差异性,有的差异还较大,甚至不同国标之间的规定也不一致,给规范的实际应用带来较大的不便。实际工作中,往往会出现各种规范标准的误用或引用不当、不全等问题。当前,国家对工程建设标准采用强制性条文的方式代替技术法规,这些条文分散在各种规范、标准中,有的也不尽合理。稍不留意,就有可能违反了强制性条文的某些规定。

作为工程勘察主要研究对象的岩土体千变万化,本身具有很大的不确定性及隐蔽性,而勘察资料总是有限的,勘察实施过程存在随机风险。客观上讲,利用有限的勘察资料去推测的地质情况与实际的地质情况必然存在一定的误差。再加上大多数工程项目的建设周期比较短,工程勘察的周期尤其紧张,这就导致大部分的工程勘察成果都存在或多或少的缺陷。

根据轨道交通地下工程建设风险发生的概率和损失等级,将工程风险等级分为 4 级,建立风险分级矩阵(简称风险矩阵),具体见表 10。不同等级风险应采用不同的风险控制处置措施,各等级风险的接受准则及控制对策宜参照表 11。宜按相应的标段、工点划分为工程风险评估单元。损失等级、可能性等级可参考《城市轨道交通地下工程建设风险管理规范》(GB 50652)。

表 10　风险等级标准

可能性等级	损失等级	A 灾难性的	B 很严重的	C 严重的	D 较大的	E 可忽略的
1	频繁的	Ⅰ	Ⅰ	Ⅱ	Ⅱ	Ⅲ
2	可能的	Ⅰ	Ⅱ	Ⅱ	Ⅲ	Ⅲ
3	偶尔的	Ⅰ	Ⅱ	Ⅲ	Ⅲ	Ⅳ
4	罕见的	Ⅱ	Ⅲ	Ⅳ	Ⅳ	Ⅳ
5	不可能的	Ⅲ	Ⅲ	Ⅳ	Ⅳ	Ⅳ

表 11　风险接受准则

等级	接受准则	处置对策	控制方案	应对部门
Ⅰ	不可接受	必须高度重视,并采取措施规避,否则必须将风险降低至可接受的水平	需制定控制、预警措施,或进行方案修正或调整等	政府部门及工程建设参与各方
Ⅱ	不愿接受	必须加强监测,采取风险处理措施降低风险等级,且降低风险的成本不应高于风险发生后的损失	需防范、监控措施	
Ⅲ	可接受	不需采取风险处理措施,但需注意监测	加强日常管理审视	工程建设参与各方
Ⅳ	可忽略	无需采取风险处理措施,实施常规监测	日常管理和审视	工程建设参与各方

15.2.3 城市轨道交通工程勘察宜采用检查表、专家调查法、事件树或事故树、理论及数值计算等方法进行风险分析与评估。

15.2.5 对本条作以下说明:

　　2　勘察时需注意以下几点:

　　2)　勘察设备没有校核标定,遗留钻具没有记录和测量,位于结构内已完成勘探孔没有封孔或坐标不准,取样试验数量不够,岩土参数统计时变异系数超标,粉土、砂类土和特殊土等分布范围不准,隧道进出洞加固水泥土强度试验结果没考虑。

　　3)　详勘阶段勘察方案中区间横通道没有勘探点控制,基坑边缘外侧勘探点平面控制范围不够,勘探点的控制深度不够,控制性的节点勘探点密度不足。

　　4)　人工填土、软土、污染土和泥炭质土性质分布范围勘察不清,物理力学指标提供不全。

　　5)　对影响基坑或隧道施工的地质环境条件没有查明的,地下水对建筑材料腐蚀性没有查明的,没有分层抽水,没有分层提供水文参数,没有分层取水进行腐蚀性试验。

　　7)　由于历史的原因,地下管线资料残缺不全,地下管线未能及时进行竣工测量,受城市建设影响,部分地下管线地面标高发生了变化,特殊地下管线,单一的仪器难以查明,受仪器性能限制、场地条件复杂和电磁信号相互干扰等影响,探查的深度有限。

　　8)　暗埋的沟、塘等分布范围勘察不清,物理力学指标提供不全,遗漏工前空洞,工后空洞没有进行专项勘察。

　　9)　对影响基坑或隧道施工的地质环境条件没有查明的。

　　11)　使用遗留较多勘探点的岩土工程勘察中间报告开展设计施工;线、站位发生变化,仍用原岩土工程勘察报告开展设计施工,补勘不及时。

　　3　对规模大、基坑深的工程没有进行专项水文勘察,饱水的粉土、砂类土透镜体勘察不准确,在颗粒级配不良或粉土、砂类土含水层中降水引起的地表沉陷,分析建议不明确,对疏干井、减压井的成井工艺不认真,抽水启动的时间不合理,没提供抗浮设防水位,对地下水的控制、对环境影响等分析评价针对性不强。

15.3　风险控制要点

15.3.1　风险管理是各经济、社会单位在对其生产、生活中的风险进行识别、估测、评价的基础上,优化组合各种风险管理技术,对风险实施有效的控制,妥善处理风险所致的结果,以期以最小的成本达到最大的安全保障的过程。转移风险是指通过某种安排,把自己面临的风险全部或部分转移给另一方。通过转移风险而得到保障,是应用范围最广、最有效的风险管理手段,保险就是其中之一。

风险管理的基本目标是以最小的经济成本获得最大的安全保障效益,即风险管理就是以最少的费用支出达到最大限度地分散、转移、消除风险,以实现保障人们经济利益和社会稳定的基本目的。这又可以分为以下3种情形:第一,损失发生前的风险管理目标——避免或减少风险事故发生的机会;第二,损失发生中的风险管理目标——控制风险事故的扩大和蔓延,尽可能减少损失;第三,损失发生后的风险管理目标——努力使损失的标的恢复到损失前的状态。

15.3.3 对本条作以下说明:

1 开孔前应根据单项工程设计书进行检查,进行孔位复测。钻机孔位、开孔方位角、开钻倾角是否与钻孔单项工程设计书的规定相符合。终孔应进行检查、验收设计的目的是否已达到,取样是否合平要求;钻孔弯曲度测量是否按规定执行,钻孔的弯曲及偏离是否超过限度;孔深检查是否按规定执行等。

15.3.4 勘察风险管理中,本细则在质量风险控制措施基础上,针对各阶段主要质量风险,提出了软土勘察、地下管线探查、暗埋的沟、塘等、地下水控制、勘探、取样和试验、勘察成果资料的具体控制措施。

1 软土勘察质量风险控制措施宜包括以下内容:

1) 查明软土的成因类型、形成年代、岩性、分布规律、厚度变化、地层结构及其均匀性。

2) 查明软土分布区的地形地貌特征,重点是沿线微地貌与软土分布的关系,以及古牛轭湖、埋藏谷、暗埋的塘、浜、坑穴和沟渠等分布范围及形态。

3) 软土的硬壳、硬夹层和硬底的分布、厚度、性质及其随季节变化情况。

2 地下管线探查质量风险控制措施宜包括以下内容：

1) 根据地下管线权属单位成果图对勘察成果进行确认，必要时进行补充详查或采用挖探等方法判定地下管线的位置。对于探测阶段无法实施的，直接探测手段应选择适宜的时间实施，以保证施工的安全。

2) 埋深大、管径大、非金属、特殊工艺工业管道、无电磁信号、综合物探手段采用仪器不能探测的地下管线，依据调查资料上图，应标注清楚。施工开始后组织管线权属单位配合施工单位进行挖探，确定管线准确位置，确保工程安全。

3) 采用调查资料成图时，应调查到具体线位附近的工程竣工资料，将调查资料的范围扩大到管线的设计和施工部门。对无法得到具体资料的，应在成果图和报告中明确说明管线的探测调查过程、权属单位、联系电话、探测程度和不确定原因，提醒设计、施工人员使用时注意。

3 暗埋的沟、塘等勘察质量风险控制措施宜包括以下内容：

1) 暗埋的沟、塘等工前空洞应作为勘察工作的重点，工后空洞在施工勘察阶段应进行专项勘察。

2) 容易形成工前空洞的地段包括：雨污水管线周边、深基坑工程附近、地下水位动态变化较大地段、原有空洞部位（菜窖、墓穴、鼠洞等）、管线渗漏地段、黏性土与砂类土接触部位等。

3) 工后空洞探测重点部位应为施工降水部位、塌陷特征地层分布区、地面沉降异常部位及出现出土量大、注浆量异常、注浆压力小等施工异常部位。

4 地下水控制质量风险控制措施宜包括以下内容：

1) 应根据地下施工工法、开挖深度、含水层岩性和地层组合关系、地下水资源和环境要求，提出适宜的地下水控制方法。

2) 采用帷幕隔水方法时，应评价截水帷幕的深度和存在的风险。

3) 严格控制疏干井、减压井的成井工艺，合理设计管井深度和抽水启动时间。

4) 应分析评价颗粒级配不良或粉土、砂类土含水层中降水易引起的地表沉陷,及可能诱发的地质灾害。

5 勘探、取样和试验质量风险控制措施宜包括以下内容:

1) 各种勘探和土工试验设备应经过检定或校准,确保设备状态良好,保证勘探试验质量。

2) 针对宁波地层特点,宜采用地质调绘、钻探、静(动)力触探、十字板剪切试验、扁铲侧胀试验、旁压试验和物探等综合勘探手段,并对所取得的各类数据综合分析。

3) 对遗留钻具的勘探点,应在钻探日志中准确记录遗留钻具的类型、尺寸、埋置深度,并准确测量孔位坐标,岩土报告中要有准确的表述。

4) 位于结构线内已完成的勘探点,严禁用岩芯封孔,封孔材料应采用干燥的黏土球,并从下到上捣固密实,准确确定坐标。位于结构线内或对设计施工有影响的勘探点,岩土报告中应详细说明、并建议设计、施工单位进一步采取封堵措施。

5) 每一地层应加大取样的数量,确保主要地层、主要试验项目的有效统计数据≥6组,保证足够数量的抗剪强度指标,以便统计提供标准值。岩土参数统计时要保证变异系数在规范许可的范围内。

6) 勘察时要加大粉土、砂类土和特殊土的取样数量,准确确定其分布范围,为结构设计、施工提供准确数据。

7) 对盾构区间进出洞设计加固范围,结合设计加固方案应进行水泥土强度试验。

6 勘察成果资料质量风险控制措施宜包括以下内容:

1) 遗留较多勘探点的工点,所编制的岩土中间成果无法保证所提岩土参数的准确性。应对上述问题在岩土报告中说明相关内容的准确性,并明确设计注意事宜。

2) 当已提供岩土勘察报告的工点后期线站位发生变化时,勘察单位应及时补勘,并向设计单位提供补充岩土报告。

15.3.5 根据风险评估及分级结果,建设方需要评估风险的可能性和影响的效果，以及成本效益，选择能够使剩余风险处于期望的风险容限以内的应对。建设方应识别所有可能存在的机会，从主体范围或组合的角度去认识风险，以确定总体剩余风险是否在主体的风险容量之内。

16   现场检验与监测

16.1   一般规定

16.1.1   现场检测、监测是信息化施工和动态化设计的重要组成部分,越来越受到重视,考虑到现场检测、监测有专项技术标准或操作规程,本章仅作要点提示,具体操作细则详见相关的技术标准或操作规程。

一般而言,现场检测、监测工作随着施工结束而终止,或延续一段时间后终止,但对于轨道交通项目和建构筑物长期沉降观测则需要在营运期持续监测,为营运安全提供必要的保障。

16.1.2   轨道交通多为隐蔽工程,开挖后一般由建设单位、勘察、设计、施工、监理、监测等有关单位共同验槽、验边坡、验洞、验桩,如与勘察设计资料相符合则可进行下一道工序。

16.2   现场检验

16.2.1   城市轨道交通工程地基、路基及隧道的现场检验是工程建设中对地质体检查的最后一道关口,通过检验发现异常地层,及时采取措施确保工程安全,该项工作是必须做到常规的工作。

对土质地基,可用肉眼、微型贯入仪、轻便动力触探、静力触探等方法检验土的密实度和均匀性;但当基槽底下有砂层且承压水头高于槽底时应特别慎重,以免造成冒水涌砂。当岩土条件与勘察报告出入较大或设计有较大变动时,需有针对性地进行施工勘察。

16.2.2～16.2.3   这两条所列内容都是工程实践中发现的影响地基、路基和围岩稳定与变形的重要因素,在现场检验时需要给予充分的重视。

16.2.4 对本条作以下说明:

1 在工程实践中,会有实际地层情况与勘察报告不一致的情况,故应通过试打试钻,检验岩土条件是否与设计时预计的一致;在工程桩施工时,也应密切注意是否有异常情况以便及时采取必要的措施。

2 桩基检验和检测数量、方法应满足相关规范的要求。

16.3 现场监测

16.3.3 对本条作以下说明:

2 必测项目为日常施工管理中所必须进行的量测项目,主要为位移测试项目。净空收敛量测一般只进行水平收敛基线的量测;地表下沉量测可量测到隧道开挖过程中围岩变形的全过程,在浅埋地段将地表下沉量测也列入必测项目。在重要工程或特殊地质条件下,为了全面掌握围岩、支护、衬砌等受力状态可根据需要选择一项或几项量测项目作为必测项目的补充;为了便于测试资料的相互验证,各选测项目应同必测项目布置在同一断面上。

16.3.4 对本条作以下说明:

1 盾构施工监测的目的是减小对周边环境的影响,确保盾构穿越区域的道路、管线、构筑物的安全。监测的项目、布设、测试频率等技术实施方案应综合考虑施工环境、工程地质和水文地质条件、穿越管线和建构筑物的保护要求、盾构的施工性能等因素制定。

2 穿越江河段的监测项目应根据河道、防汛墙、码头的保护要求和盾构施工的风险控制要求做好专项监测方案。对穿越特大型河流的盾构监测一般还应进行江底隆陷的监测,可采用测量船上声波测深的方法。对盾构施工穿越重点环境保护区域、复杂地层时,为控制土体变形和工程安全应进行土体变形和水土压力监测。土体变形监测有垂直变形和水平变形监测,垂直变形可采用在土体中钻孔分层埋设磁性测点后用分层沉降仪监测,水平变形可采用在土体中钻孔埋设测斜管后用测斜仪监测;土压力和孔隙水压力可采用在土体中钻孔埋设土压力计和孔隙水压力计监测。

5 盾构穿越地面建构筑物时,穿越体沉降变形的根本原因是盾构上方土体的变形所引起,所以除应对穿越体进行观测外,还应增加对其周围土体的变形观测,并根据土体变形的情况及时采取控制穿越体沉降变形的措施。

16.3.6 对本条作以下说明:

1 地下水的动态变化(包括水位的季节变化和多年变化,人为因素造成的地下水变化,水中化学成分的运移等)对工程的安全和环境保护,常常是最重要、最关键的因素,故本条作了相应的规定。

3 为工程建设进行的地下水监测与区域性地下水长期观测不同,监测要求随工程而异。